マッキンゼー 価値を創る M&A

マッキンゼー・アンド・カンパニー
加藤 千尋　呉 文翔
福富 尚　山崎 敦

日本経済新聞出版

まえがき

日本企業のM&Aを多く支援し、またそれ以上に様々な企業のM&Aの経過を見てきた中で、「組織能力としてのM&A」が十分に育っていないために躓いてしまうのを見るたびに、非常に悔しく感じる。「よい投資先」と思って買収した海外企業を1、2年間自由に放っておいたら急失速し、最終的には対象企業の経営陣に本社が相手にされないようないびつな関係性に陥るディール。あるいは持ち込み案件に受動的に飛びついてしまい、明確な事業やPMI（買収後統合）のオーナーが不在のまま、大きな金額を投下してしまい、責任の所在が不明確なままシナジーが出ない状況が続くディール。あるいは、一度検討をはじめた案件を他社に取られたくないがために明らかに高すぎる価格を出してしまうディール。

M&Aを実際に価値創造に繋げることは、なぜこうも難しいのか。そして特に日本企業はどうして落とし穴にはまってしまうのか。

机上では考え抜き、価値創造の蓋然性が高いと思えるディールのはずでも、DD（デューデリジェンス）の段階でのやり取りや価格交渉、PMIに潜む幾多の落とし穴に躓くたびに、少しずつ価値毀損してしまうのがM&Aの怖いところである。ましてや、戦略なく持ち込み案件に手を出す場合は、そもそも価値創造の道筋が立てられず、開始前から「負け」が約束されている危険性すらある。

一方で、日本企業の多くには、M&Aを通じて企業価値を向上し、組織を変革させるポテンシャルが十分にあるのは紛れもない事実である。事業上のシナジーの実現だけでなく、組織文化の統合も十分に意識的に行うと、適正の高い経営人材のプールを増やし、従業員のやりがいや投資家をはじめとしたステイクホルダーの将来への期待も一段と向上させることが可能である。私自身、うまくいった例として外資系企業が日本の製造業によるカーブアウト事業を買収した際のPMIをいくつも支援してきた中で、感銘すら受けることが何度もあった。しっかりと計画・実行されたPMIを通じて、買収された企業の従業員が当初の「不安と（場合によっては）恐怖」に満ちた状況から「希望」を持ち始め、そこから「よりよい経営や事業運営、実績となった企業で力を発揮する喜び」に移る過程を見ると、これこそM&Aの醍醐味だと強く感じる。日本企業もそのようなM&Aを、国内でも海外でも実現できるはずであるし、もちろん実際に実現している例も多い。

まだM&Aで十分に実績や勝ちパターンを確立していない日本企業が、いかにしてM&Aを組織能力として構築し、体系的に成功確率を向上できるか。この問いを解き明かすのが、本書のミッションである。

この課題を解くには、Ｍ＆Ａの本質を知る必要がある。そもそもＭ＆Ａにおける成功とは何を指すのか。戦略の定義から案件創出まではどの程度の「詰め具合」や「体制・運用」が求められるのか。いい案件なのにＤＤで躓いたり高値を出したりしない、あるいは進むべきでない場合に踏み留まるコツは何か。ディールが成約したあと、価値創造を実際に実現するＰＭＩという大変革プロジェクトの肝は何か。長期にわたって買収後の事業のパフォーマンスを担保し、想定通りでない場合に効果的に介入するガバナンスは何か。これらの答えが解き明かされ、社内での「組織能力」として備わってこそ、Ｍ＆Ａの成功確率を最大化する素地が整ったと言える。

本書は、日本企業の経営陣、すなわちＭ＆Ａの各段階での企業の経営判断に関わっている、また今後関わっていく方々に向けて書き下ろしている。突き詰めて言えば、Ｍ＆Ａは経営判断の連続であり、価値創造の成否を左右するのは、経営陣がどのような戦略決定をし、どのような体制・人材を構築し、最初から最後までどのように重要なポイントを押さえていくかである。特に、Ｍ＆Ａの長い旅路の途中で管掌する経営メンバーが変わったりすることもある中で、戦略からＰＭＩ・ガバナンスまで、どのように価値創造のタスキを繋ぐのか。このようなテーマに答えるため、本書では、Ｍ

＆Ａの前段階から最後まで通して、Ｍ＆Ａの価値創造の原則になるべく忠実かつ実践的な形で、経営陣として押さえるべきポイントを中心に述べることを意識している。

欧米企業と日本企業の双方でＭ＆Ａの支援をしてきた著者陣の経験値として、特にＭ＆Ａについては、欧米企業のいわゆる「ベストプラクティス」を日本企業にそのまま適用することは難しいと感じる。原理原則は共通しているが、日本企業に特有の課題や落とし穴とその対処法を記してこそ、価値のある本になると強く意識している。そのため本書では、日本企業で我々がＭ＆Ａの各ステップを支援しながら目にしてきた事例を反映することに注力している。

Ｍ＆Ａは日本企業にとって、これまでに増して必要となっている打ち手である。国内市場の成熟とともに、既存の国内市場での成長を得ることはより困難となる。海外に展開している企業でも、同じ市場に同じ規模でいるだけでは十分な成長や利益率の向上を継続することは難しい。Ｍ＆Ａは、適切に活用できれば、スケールメリットの実現やコスト構造の改善だけでなく、隣接領域の成長を実現する上で自社内で欠けている能力の入手など、非常に有用な手段となり得る。

更に、日本の上場企業のＰＢＲの低さが課題となっているように、経営資源をよりリターンの高い領域に投下していくことの重要性も改めて注目されている。社内のプロジェクトや研究開発テーマだけでなく、M&Aもリソース配分の対象として、定常的に経営の選択肢とすることで、より効果的な資源投下が可能となる。

実際に、多くの日本企業がM&Aを経営テーマとして掲げている。特に、不況時や不確実な市況において、積極的に事業ポートフォリオを入れ替えた企業は、不況が終わったあともよい業績を残す傾向があるとマッキンゼーによる研究でも明らかになっている。多くの日本企業との議論でも、過去の自社のM&Aの失敗も振り返りながら、「社内でM&Aの体制と組織能力を築きたい」と正面からM&A能力構築に取り組む企業も間違いなく増えていると実感している。特に近年このような動向の加速を実感して非常に嬉しく感じている。我々が本書を通じて願うのは、日本企業がM&Aの組織能力を構築・強化し、M&Aを通じた価値向上を実現することに少しでも貢献することである。

マッキンゼー・アンド・カンパニー　パートナー

加藤千尋

Table of Contents

第4章 PMI（買収後統合） 179

第5章 ガバナンス 227

第1章

M&Aの原則

日本企業にとってのM&Aの必要性

日本企業のM&A件数は2023年に金額ベースで5割増

2022年、日本企業が関与したM&A件数は、2021年対比微増の4304件と過去最多を記録した[1]。2011年から2019年までは毎年増加していたものの、新型コロナウイルス感染症の感染拡大に伴い、2020年には約10年ぶりの減少が見られた。しかし、2021年、2022年にはその力強さを取り戻し、1985年の調査開始以来の最多を2年連続で記録した。2023年の件数は2022年年対比で減少したものの、金額ベースでは約17兆9000億円[2]と2022年対比で約5割増加した。

M&Aテーマにおいては、DX（デジタルトランスフォーメーション）領域の強化やサステナビリティの強化を目的とする案件が目立っており、このトレンドは2024

1　M&A専門誌マール　2023年2月号　通巻340号
2　M&A専門誌マール　2024年2月号　通巻352号

図表1　国内企業関連のM&A件数と金額の推移

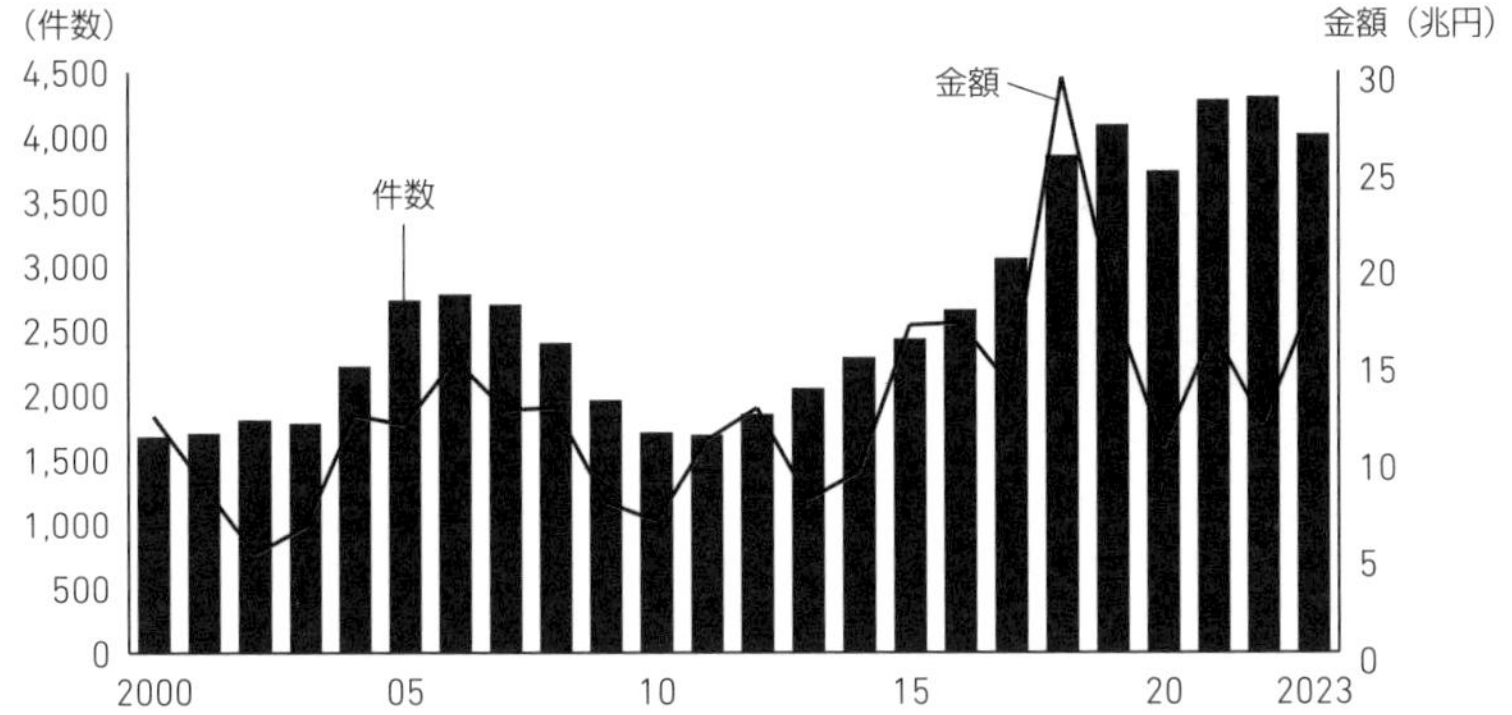

出所：レコフデータ
（注）同一グループによる取引を除く

年以降も継続し、活況を呈すると考えられる。

加えて強調すべき点として、成長を志向するＭ＆Ａが多かった点が挙げられる。例えば、２０２３年に発表されたディールバリュー１００億円以上の国内企業関連のＭ＆Ａのうち（同一グループ内取引を除く）、買い手と売り手の業種が異なるディールが占める割合は64％と２０１３年の46％から大きく上昇し、過去10年で最高となっている。単純に異業種のＭ＆Ａが「成長のＭ＆Ａ」というわけではなく、投資ファンドの台頭により増加傾向にあるといった背景もあるが、隣接領域を含めて成長を模索する機運が高まっていることは確かである。

コロナ禍をはじめ、近年は様々な領域で大

図表2　日本企業のM&Aのうち異業種とのM&Aの割合

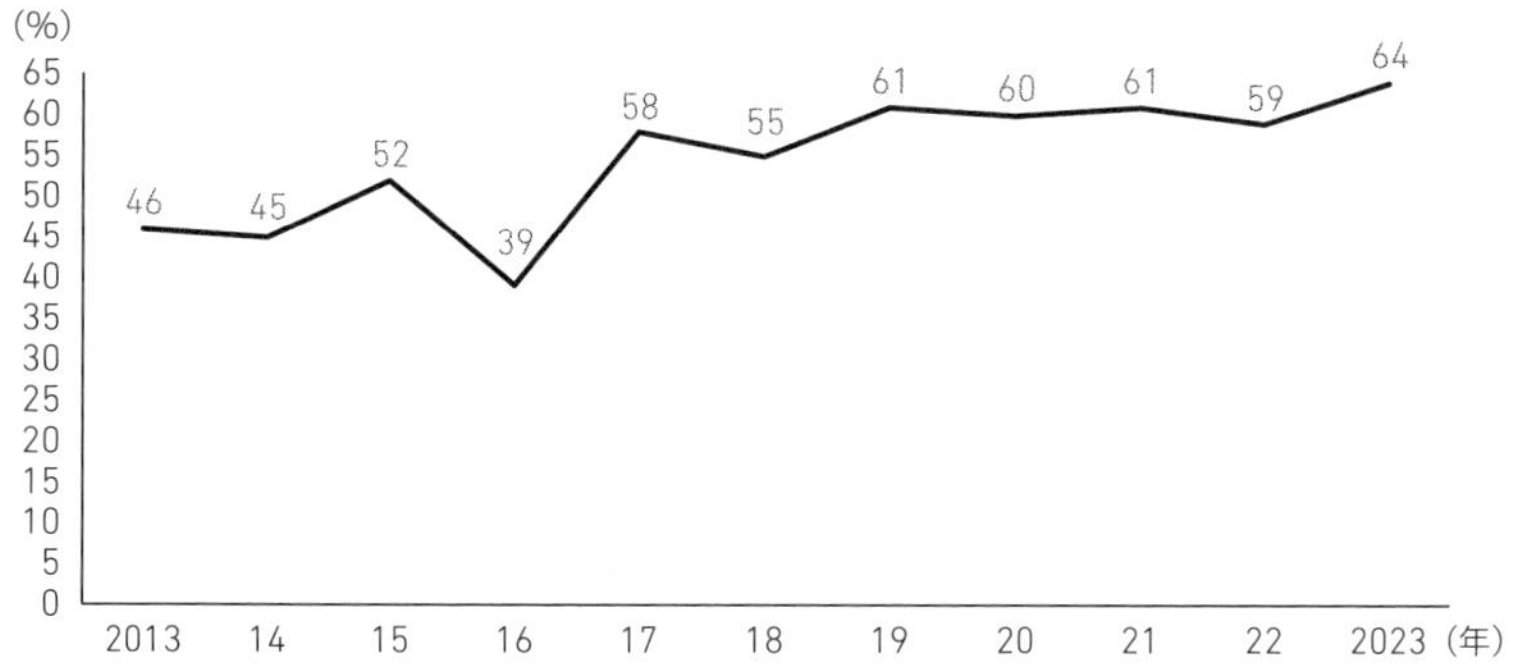

出所：レコフデータ
(注) ディールバリュー100億円以上の国内企業関連のM&Aのうち、買い手と売り手の業種が異なるディールが占める割合（同一グループによる取引を除く）

変動とも言える変化が起きている。過去数十年間、「当然」であった事業の持続性が目の前で崩壊し、様々な産業のこれまでの秩序が覆された。それを目の当たりにする中で、新たな領域での成長を模索するＭ＆Ａが多く観察された。例えば、２０２２年１月から２０２３年末までの案件でいえば、コア事業の周辺領域（異業種を含む）への進出（例：ＮＴＴドコモによるマネックスホールディングスへの資本参加、みずほ銀行によるグリーンヒルの買収）や海外での事業強化（例：住友生命保険によるシンガポールライフへの追加出資、日本製鉄によるＵＳスチールの買収やタイのＧスチール、ＧＪスチールの買収）はこの典型的な例であり、上記で述べたＤＸ領域の強化（例：富士通によるＧＫソフトウェアの買収、オ

図表3　2022年～2023年の日本企業の主要なM&Aテーマと事例

M&Aテーマ	2022～2023年発表の事例
コア事業の周辺領域への進出	• みずほ銀行によるグリーンヒルの買収 • 武田薬品工業の創薬企業ニンバス・ラクシュミの買収 • NTTドコモによるマネックスホールディングスへの資本参加
DX領域の強化	• ソニーによる米ゲーム大手バンジーの買収 • NTTドコモによるインテージホールディングスの買収 • オムロンによるJMDCとの資本提携 • 富士通によるGKソフトウェアの買収
サステナビリティの強化	• NTT、JERAによるグリーンパワーインベストメントの買収 • 三井物産によるメインストリーム・リニューアブル・パワーへの出資参画 • 東京ガスによるロッククリフ・エナジーの買収
海外での事業強化	• 住友生命保険によるシンガポールライフへの追加出資 • 日本製鉄によるUSスチールの買収、タイのGスチール、GJスチールの買収 • 第一生命HDによるニュージーランド生命保険大手パートナーズ・グループの子会社化 • 横浜ゴムによるスウェーデンの農機タイヤメーカー、トレルボルグの買収

ムロンによるＪＭＤＣとの資本提携）、およびサステナビリティの強化（例：ＮＴＴ、ＪＥＲＡによるグリーンパワーインベストメントの買収、三井物産によるメインストリーム・リニューアブル・パワーへの出資参画、東京ガスによるロッククリフ・エナジーの買収）についても、成長へと繋がるＭ＆Ａテーマと解釈できるだろう。

また、海外での事業強化は重要なテーマの一つとなっており、２０１０年頃より案件数が増加傾向にある。但し、足元ではコロナ禍の影響、円安、地政学リスクの顕在化等に伴い、「Ｉｎ‐Ｏｕｔ」と呼ばれる日本企業の海外企業の買収は国内関連案件対比、相対的に比率が低下している。

図表4　日本企業によるM&Aの中でクロスボーダー案件が占める割合

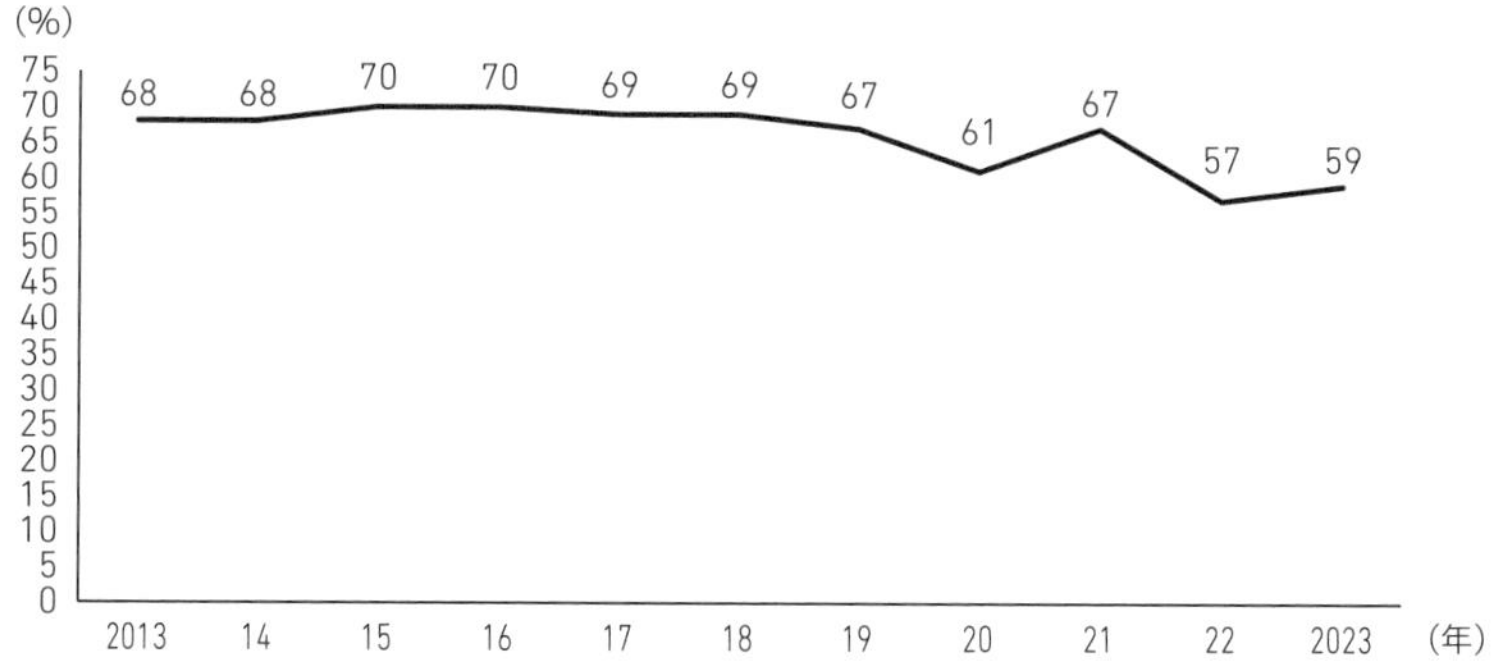

出所：レコフデータ
（注）ディールバリュー100億円以上の国内企業関連のM&Aのうち、クロスボーダー案件が占める割合（同一グループによる取引を除く）

なぜ成長を目指す必要があるのか

我々は、企業が永続的に存続（ゴーイング・コンサーン）し、価値創造を行う上で、成長は必須であると考えている。マッキンゼーが２０１４年に実施した企業成長に関するリサーチ[3]によると、米国の１００社を対象に30年間にわたるパフォーマンスを測定した際、最初の10年間にＧＤＰを凌駕する成長を実現した企業はＧＤＰ未満の成長企業に対し、30年後の生存率は約3倍高いことが分かっている。加えて、30年間のＴＳＲ（Total Shareholder Returns：株価の上昇と配当の合計を株価で割った数値で、株主リターンの総額を表す）もＧＤＰ以上の成長企業の方がＧＤＰ未満の成長企業よりも約16%高いことが分かっている。このことからも、やはり成長が企業の永続的な存続および価値創造の両方に必要であることが分かるだろう。

マッキンゼーが約８３４社を対象に成長に関するリサーチを実施した結果、約75％が事業ポートフォリオおよびM＆Aにおける意思決定によって成長を実現したということが分かっている[4]。M＆Aを活用した成長による価値創造は、企業の永続的な存続において大きな役割を果たすのである。

成長戦略の実現のためのM＆A

企業はどのようにこの成長を実現することができるだろうか。成長の仕方には大別して３つの類型がある。１つ目は市場自体が成長しており、現在のシェアを維持さえすれば個社も成長するパターンである。例として、現在のEV事業やデジタル・AI領域等が挙げられる。２つ目は市場内でのシェアを拡大させるパターンである。これ

3　Granularity of Growthと呼ばれるリサーチ。一部の金融機関および倒産企業は分析対象から除く

4　Growth Decomposition Database（８３４社）に基づくMcKinsey Corporate Strategy Research Reallocation分析

は他社からシェアを奪取する必要があるため、競合他社も対抗施策を講じてくる可能性が高い。場合によっては価格競走に陥ってしまうこともあり、ハードルが高いと言える。それでも、M&Aを活用することにより、競合と一体となりシェアを拡大するというオプションは存在する。3つ目は周辺領域や新規領域への進出に伴う成長というパターンである。ここでもゼロから新規領域での成長を目指すには多くの時間やリスクを覚悟する必要があるため、M&Aもオプションとして検討できるだろう。

つまり、市場全体が自然成長する事業領域に自社が既にいる場合を除くと、M&Aが成長の手段として検討されるのは理にかなっていると言える。特に多くの国内市場が成熟期に入っている中で、日本企業が継続的な成長を実現するためにM&Aを志向することは必然なのである。

但し、M&Aによる買収実行自体は価値創出の観点では本質的な成長ではないことに気を付けるべきである。あくまで、買収対象企業が現在有している売上高やキャシュフローに対して同等の対価を支払った、売上およびキャシュフローのアロケーションの移動に過ぎない。我々が成長と企図しているものは、M&Aを通じた足し算による規模の拡大の後、更なる売上高の拡大を実現し、価値創造することである。そのためには、買収者は（少なくとも、現在のオーナーよりも）ベストオーナーであることが求められる（ベストオーナーについては後段で詳述）。将来のキャッシュフロー拡大に資するシナジーを創出できることが、ベストオーナーの必要条件である。具体的には、買収後に、ガバナンスやPMIにより、足し算による売上の拡大に加えて、追加的な成長すなわち売上高やキャッシュフローの増加が実現できる必要がある。この追加分こそが、本質的な価値創造を伴った成長なのである。また、M&Aはプレミアムの支払いに伴い、想定創出シナジーの一部をアップフロントで売り手に払い出す「負けから始まるゲーム」である点も踏まえると、価値創造は必須であると言える。

この本質的な成長とは、買い手が買収を行うことによって、買収対象企業がスタンドアローン、もしくは現在のオーナーの下で創出できる企業価値よりも大きな企業価値創出が実現できることを意味する。より具体的に言えば、買収後の両社一体となった将来キャッシュフローの現在価値の総和が、売り手と買い手のスタンドアローンのキャッシュフローの現在価値の総和よりも大きくなる状態を達成してこそ、はじめて企業価値を創出したこととなり、買い手としては、「あるべき姿」を達成したことになる。それを追求するためには、適切な買収対象の選定、適切な買収価格の算定、買収実施後のシナジー創出とガバナンス構築が鍵となり、この一連のケイパビリティを会社の形式知として確立している企業ほど、本質的な成長を成功裏に実現している。

図表5　成長企業とデジタル領域のM&A件数と規模

2015-19年で、成長企業はその他の企業よりもデジタル領域のM&Aを**85%も多く**実施…

…その平均規模も**40%以上も大きかった**

1社あたりのデジタル領域のM&Aの平均件数

デジタル領域のM&A1件あたりの規模の中央値

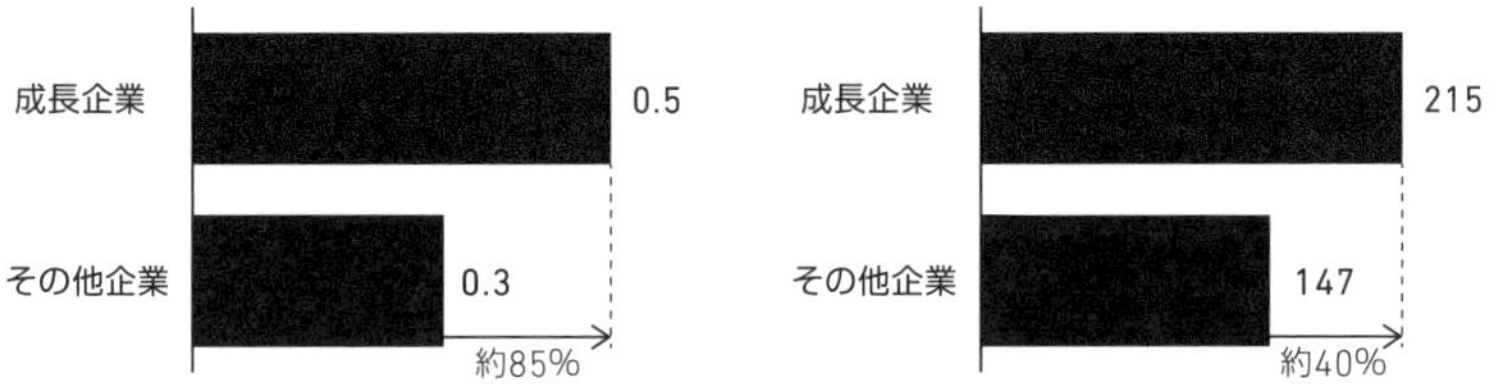

2015-19年、N=738

2015-19年、百万米ドル、N=252

即ち、一足飛びに「それではとにかくＭ＆Ａをやって成長しよう」となってはいけないのである。Ｍ＆Ａはあくまでも成長実現の「手段」の一つであり、「目的」ではない点に留意してほしい。企業には中長期的に達成したい絵姿があり、足許の現状とのギャップを埋めて理想に至るための戦略が存在する（戦略策定上のＷｈａｔと呼称される「何をやるべきか」という要素）。そしてその戦略を実現するための戦術（戦略策定上のＨｏｗと呼称される「どのようにやるべきか」という要素）の中に「手段としてのＭ＆Ａ」が存在する。

つまり、全てのＭ＆Ａのテーマや狙いは、企業戦略から導出されるはずである。例えば、企業が戦略を実現するための現状とあるべき姿のギャップを埋める必要がある場合、不足しているケイパビリティの獲得をM＆Aで実現することがM＆Aのテーマとなりうる。すなわち、その獲得すべき要素の解像度が高いほど、M＆Aの狙いは明確となり、成功確率は高くなるだろう。

例えば、自社事業のデジタルによる強化を成長戦略として掲げている企業の中で、「不足しているデジタルケイパビリティである××を獲得する」などと、求めるものが具体的になっている企業であるほど手段としてM＆Aをうまく活用し、結果として多くの件数や適切な規模の買収が実現できている。マッキンゼーの調査では、２０１５年から２０１９年にかけて成長を実現した企業はそうでない企業と比較して、約85％程度多くデジタル関連のM＆Aを実施していることが分かっている[5]。成長をデジタルによって達成するという戦略を立て、求めるデジタル能力を具体的に決めた企業は、より積極的に買収に動くことができる。こうした企業がより多くの、大きな買収に踏み切ることができたのではないか。こうして、成長のためのデジタル強化という戦略と、その実現のためのM＆Aという手段が結びつき、成長という結果を導いた企業が多く見られたと考える。

5　マッキンゼーが約７３８社を対象とした調査

日本企業においては、成長のためのM&Aの必要性はより高くなると言えよう。自国市場の成長が限定的である産業が多く、更に多くの産業ではデジタル化により既存の事業モデル・収益モデルが脅威にさらされている。自社の戦う業界や地域の転換や、事業モデルの変容に必要なケイパビリティの獲得のため、海外や隣接領域のM&Aを模索するのは理にかなったことである。

「M&A戦略投資として3000億円を使います」といった宣言をIRや企業トップへのインタビューで目にする機会は多い。我々の調査では、日系企業上位100社のうち、40社がIRコミュニケーションの重点分野として大規模なM&Aを挙げ、そのうち30社が具体的なM&A予算を発表し、M&Aを行っていく意図を外部に発信している。M&Aの宣言や予算設定自体、成長を志向するという株主へのメッセージや、案件検討機会を増加させるという狙いにおいて一定程度は有効であると考える。しかし同時に、M&Aの目的化や予算設定そのものを「M&A戦略」と呼ぶべきではない点に注意を促したい。あくまでも「戦略の実現のために外部から獲得するべき要素」を先に特定し、それを獲得する手段としてM&Aを用いるのである。予算策定においても、「戦略の実現のために獲得するべき××とYYという要素があり、それはオーガニック（自前）での構築よりもM&Aの方が望ましく、それぞれでおよそ1000

億円、２０００億円程度の資金負担が発生すると見込まれる（かつ拠出可能な）ため、約３０００億円をＭ＆Ａという手段に費やす予算として計画する」という考えを経ていることが重要となる。

ＴＳＲ企業価値創出の原則

これまで述べた通り、単に「売上やキャッシュフローを買う」形で、多くのプレミアムを払って売上やキャッシュフローをかさ増ししただけのＭ＆Ａは成功とは言えない。それればかりか、Ｍ＆Ａでの等価交換自体は成長ではない。Ｍ＆Ａ案件の成否は、まず原則として企業価値の創出によって測定されるべきである。企業価値創出の原則に基づけば、成長のためのＭ＆Ａに加え、コスト効率化のシナジーを実現する業界再編のような同業他社のＭ＆Ａも有効である。企業の目的の主たるものは企業価値の最大化であることを踏まえると、Ｍ＆Ａを実施する際に企業価値をどう創出するかを探索して遂行することは経営陣としての必要条件の一つであると言える。

それでは、企業価値創出を目的としてＭ＆Ａを行う場合には、具体的には何を実現すればよいのだろうか。企業価値算出の観点より、ここでは２つの概念を示す。

まず１つ目はいわゆるＤＣＦ（ディスカウント・キャッシュ・フロー）法に基づいた

考え方であり、企業が将来生み出すキャッシュフローを資本コストと呼ばれる割引率で割り引いて企業価値を算出する。この考え方に基づくと、企業価値の最大化は将来のキャッシュフローの最大化および、割引率の最小化によって実現できる。

もう1つの考え方は、いわゆる収益マルチプルに基づいた考え方であり、例えば企業のEBITDA（例：実績もしくは、1～3年先予測）と企業価値／EBITDAマルチプルを掛け合わせて企業価値を算出する。この考え方に基づくと、足許のEBITDAを最大化することと企業価値／EBITDAマルチプルを最大化することによって企業価値を最大化できる。マルチプルはROIC（投下資本利益率）、キャッシュフローの成長率、資本コストの3つの要素から構成され、マルチプルの最大化はROICの最大化、成長率の最大化、資本コストの最小化（但し、WACC（加重平均資本コスト）よりもROICが高い前提）により実現される。

企業価値最大化の原則は数字上は単純である。上記の2つの考え方のどちらにおいても、ROICや成長率を高めることにより将来のキャッシュフローを最大化するか、最適資本構成の実現等で資本コストを最小化することが企業価値の最大化に繋がる。経営陣は企業価値の最大化に向けて、企業の「ヒト・モノ・カネといった限られた資源」を配分する意思決定を行っていく。既存事業の設備投資、研究開発、オペレーション改善、セールス＆マーケティング、M＆A、新規事業、株主還元、といった様々な配分先が存在する中で、どのような資源配分がROICや成長率の最大化に寄与し、それを実施した場合のWACCはどの程度となるのか、といった思考を常に持つことが肝要である。そして様々なトレードオフ、不透明な将来、資源の有限性、組織面での制約などを踏まえて企業価値の最大化に繋がる投資機会を取捨選択することが、経営陣に期待される役割である。M＆Aを実行する意思決定においても、このような考え方は重要である。

M＆Aディール実現のフレームワーク

企業価値最大化の原則と併せて、M＆Aを実施する上で理解しておきたい原則をもう一つ紹介する。ディール実現のフレームワークである。図表6にあるように、M＆Aディールが成立する場合、理論上では、譲渡価格は必ず対象企業のスタンドアローン価値と、それに創出シナジー額を加えた金額の間に着地するはずである。対象企業の株主は現時点のスタンドアローン価値よりも低い価格帯においては売却せずに継続保有する方が望ましい。一方、買い手は自社とのシナジー創出分を超えるプレミアムを支払った場合、自社で享受できるエコノミクスがなくなってしまう。従って、この

図表6　ディール実現のフレームワーク

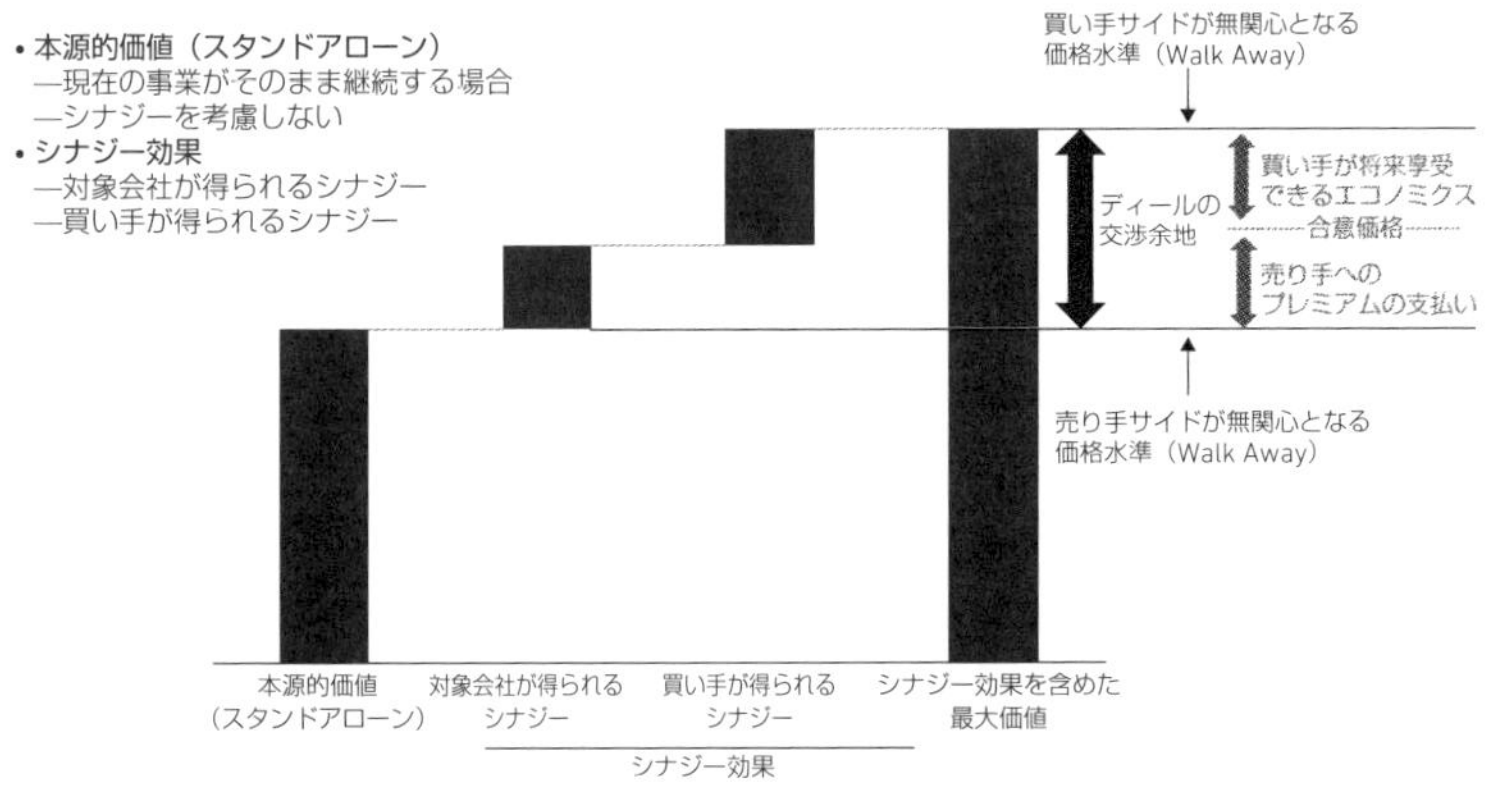

価格よりも低い価格にならないと買収する合理性がない。結果として買収価格はこの両者の間で落ち着くはずである。この落としどころが、買い手がこのＭ＆Ａにより将来実現するシナジーの価値のうち、買い手が獲得できる価値と対象会社の株主へ支払うプレミアムの配分を決定する。

一方、日本企業が買い手となる実際のＭ＆Ａ案件を見ると、かなり高いプレミアムで買収を行っている案件も散見され、時としてディール実現のフレームワークに沿っているかの妥当性に疑問が生じる。もしプレミアムを正当化するシナジーが想定されないまま買収価格が提示されていたとしたら、買い手の株主価値が毀損される恐れがあるため、そもそもその案件をするべきかの意思決定に関わる。

日本企業の平均的な支払プレミアムは30％超と言われており、欧米企業の25％程度のプレミアムよりも高い。単純には、売り手は将来創出されるであろうシナジーをディール実施時に即時に享受できる。逆に買い手はプレミアムを超えるシナジーをまず実現する必要がある。もし30％のプレミアムを支払った場合、買収企業の価値を30％増大化させてはじめてブレイクイーブンとなる。30％の企業価値増大化は必ずしも容易ではなく、10～20％程度の価値向上しか実現できない場合はこのM＆Aで買い手企業の企業価値は毀損されることになる。言い換えると、支払プレミアムを上回るシナジー創出を実現することがM＆Aの大原則となる。逆に、支払プレミアムを上回るシナジー創出の見込みが低い場合、そのM＆Aは理論的には実施するべきではないと言える。

ベストオーナーの原則

もちろん、多くの経営陣は前述のプレミアムとシナジーの関係は教科書的なフレームワークとして十分理解していると認識している。むしろ、実際には自社が最終的に支払うプレミアムや買収前の時点でのシナジー創出の見通しが不透明な中、そのディールの実施是非を現実的にどう整理して意思決定するべきかに悩んでいることと思う。その出発点として、ベストオーナーの原則は有効な考え方である。ディールにおけるシナジーの創出額は買い手企業によって異なる。つまり、ある買い手候補A社は100億円の企業価値創出が実現でき、別の買い手候補B社は200億円の企業価値創出が実現できる、といった具合である。その場合、理論上B社の方がA社よりも高いプレミアムをディール実施時に支払っても自社の企業価値を創造することが可能となる。

仮に世界中の全ての企業がある企業C社の買収を検討しているとする。その場合、他のどの企業よりも高いシナジー創出が可能となる企業が、最も高いプレミアムを含む買収価格を提示でき、買収を実行できることになるだろう。この最も高いシナジー創出が可能な企業こそが「ベストオーナー」と呼ばれる。しかしながら、現実的に世界中の企業からベストオーナーが名乗り出るわけでも見つけられるわけでもない。実際のM&Aでは限られた買収候補の中で上記の原則が適用される。従って、買い手としては、「今の売り手や他の買い手候補よりも自社がベストオーナーであるか?」という問いかけが必要となる。

また、ベストオーナーはビジネスのステージによっても異なると考えられる。例えば、スタートアップ企業の初期には情熱を持っている起業家が最も望ましい場合が多い。そこから事業がスケールしていく際には、様々な助言を与え、人材や取引先などのネットワークを提供してくれるベンチャーキャピタル等が望ましくなる場合もある。更にある程度の規模に達すると、ベストオーナーは対象事業の将来の成長性や隣接領域とのシナジーの有無等で決定される。このように、ベストオーナーには様々なパターンがありうる。例えば、規模の経済や隣接事業とのシナジーが創出可能となる場合は、類似事業をポートフォリオに持つ大企業がベストオーナーと考えられるかもしれない。また、事業によっては、難易度の高いコスト削減やリストラクチャリングを実現できるようなバイアウトファンドがベストオーナーとなるケースも存在する。

このベストオーナーの原則には唯一絶対の解は存在しない。客観的な測定が難しいため、ガイドラインとして認識し、自社の事業や買収対象について常に問い掛けを続けることが肝要である。加えて、ベストオーナーに関しては時間軸を意識する必要もある。例えば、足許（買収前）で必ずしもベストオーナーではなかったとしても、数年以内に想定シナジーを発現させるための投資やケイパビリティ強化を強い意志（コミットメント）を持って断行し、ベストオーナーになってプレミアムを回収することも考えられる。

残念ながら、日本企業においてこのベストオーナーの原則は十分に浸透しているとは言い難い。買収の交渉において、競合入札者に対して自社がベストオーナーである根拠を明確にして交渉に臨む例もまだ十分に多くないと考える。更に自社の事業ポートフォリオ管理においても、保有事業の売却判断にもこの考えを適用すべきであるが、ベストオーナーへの売却による価値最大化に踏み切ることができない企業はまだまだ多いと感じる（売却については章末のコラムにて解説）。

価値（Value）と価格（Price）の違い

我々が日頃経営陣と議論する中で、価値（Value）と価格（Price）が混同されてしまうことは実は意外と多い。特にM&Aにおいては、この2つの違いを明確化しておくことが極めて重要である。

まず定義として、価値は主観的、価格は客観的なものである。例えば、生成AI事業を行うA社の買収を検討した際、潜在的な買い手企業であるB社がDCF法やマルチプル法を用いてA社の価値を算定し、シナジー込みの価値のレンジが100億～200億円だったとする。一方、同様の価値算定を別の買い手候補企業C社が実施した場合、150億～300億円だったとする。これはどちらも対象企業の価値（Value）

を測っているのであり、主観に基づくため、買い手候補によって異なる水準となる。前節で述べたオーナーごとのシナジーの価値算定の違いが数字に表れる。更に言えば、対象会社のスタンドアローンに限った価値においても、将来の経済動向、金利・インフレ動向、地政学リスク等、様々な見立てにより買い手候補にとっての価値算定は異なる。従って、ディールの価値（Value）に唯一絶対の解はなく、それは主観的な想定や意思の表れであると言える。従って、企業価値算定（Valuation）はあくまで主観的に価値（Value）を算定したものである。

一方、価格（Price）は客観的であり、かつ観測可能なものが多い。例えば、最終的にC社がA社を買収し、その売却金額が225億円だったとする。その場合、このディールの価格は誰が見ても225億円である。

M&Aで複数の買い手候補が競う場合、最終的な価格は、2番手の買い手候補の提示価格よりも少し高い水準で決着することが多い（買い手候補の提示価格が売り手の想定する本源的価値を上回っている前提）。これは絵画などのオークションで、参加者の中で2番目に高く値を付けた者より少し高い水準と合致することと類似している。よく、M&Aでは勝者の呪い（Winner's curse）という言葉が使われる。交渉の中で価格が上がってきた際に、実際に自社が実現できるシナジーすなわち創出できる価値に接近したり、超えたりすることがあり得る。この場合、例えばシナジーの想定を恣意的に過大評価して「競売に何としても勝つ」という行動には大きなリスクがある。競売で買って最終的に価値を毀損してしまうのではなく、払い過ぎを避けて勇気ある撤退をすることも必要である。

プレミアムの支払い

実際のM&Aではどの程度のプレミアムが支払われているのであろうか。

過去10年間の欧州および米国のM&A案件における平均的な支払プレミアムは25%程度となっている。これが意味するところとしては、売却対象企業の株主は、将来買収者が創出すると考えられるシナジーのうち、現企業価値の25%にあたる分をノーリスクで、かつアップフロントで享受できるということになる。すなわち、プレミアムを付与した形で売却した時点で売り手は100%成功したとも言えるだろう。繰り返しになるが、この場合、買い手はシナジーを現企業価値の25%超を創出してはじめてブレイクイーブンとなる。これより多くのシナジー創出が実現できればアップサイドとなり、このブレイクイーブンに達しない可能性がダウンサイドリスクとして残る。

次に日本企業について詳細に見ていく。日本企業の過去10年間のM&A案件におけ

図表7　M&Aにおけるプレミアムの水準

日本企業の支払プレミアムは欧米企業対比で高い

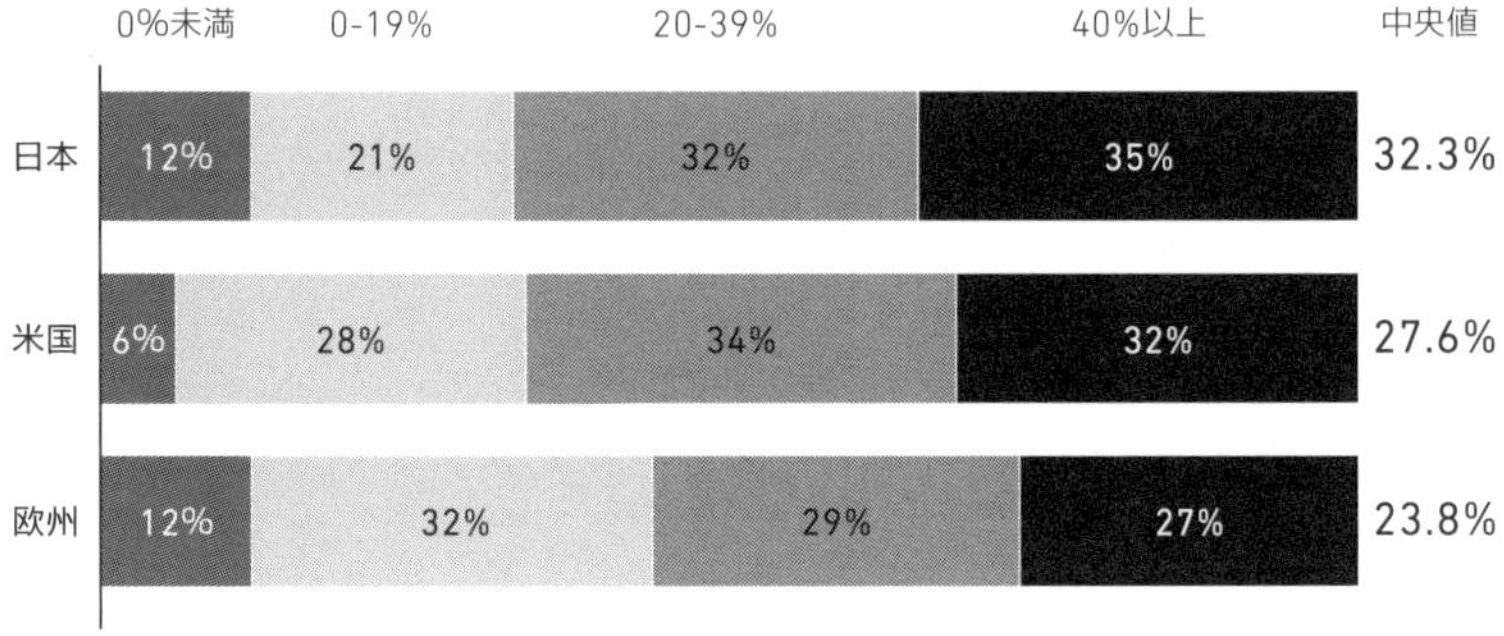

5億USドル以上のディールにおけるプレミアムの分布、2012年1月-2022年8月

*ディール発表の１か月前の株価と発表直後の株価の比較
出所： Capital IQ

る平均的な支払プレミアムは32％程度となり、グローバルのプレミアムよりも高い。つまり、日本企業は統計的に、欧米企業より高いプレミアムを支払っていることになる。

日本企業の高プレミアムに関する理由がいくつか考えられる中で、一つ典型的な例を挙げる。日本企業において、取締役会の株主価値創出／企業価値創出に対する意義が低く、経営陣（執行）の案件執行の意思決定に対する発信権が大きい場合、経営陣が検討を進めていく中で「欲しい」と思った際に価格を吊り上げてでも買いに行く展開が起こることがある（「ディール・フィーバー」現象として、第３章で詳説）。一方、欧米企業では、取締役会の株主価値創出／企業価値創出に対する意義の高さから、高価になった場合に定量的に価値創出シナジーを説明できないときは、そのディールから撤退する傾向がある。また、企業価値評価以外に将来のエコノミクスに影響を与える要素としてSPA（株式譲渡契約書）の条件が挙げられる。特にクロスボーダー案件の場合にあることだが、M&Aの執行ケイパビリティが不十分であり、SPA等の契約交渉で不利な条件をのんでいる可能性もある。日本企業は売り手側に立つ経験が乏しい場合が多く、売り手の手の内を十分に理解しないまま契約締結に至っていることも多いと考える。この点も、高プレミアムでの買収をしているリスクとして留意するべきである。

価値創造におけるシナジーの全体像

一般的に、支払プレミアムを超過するシナジー創出はどのように考えるべきであろうか。シナジーの構造化の整理はいくつかあり、後の章でも紹介する。ここでは価値創造の全体感を捉えるために、シナジーを大きく2つに大別する（図表8）。1つが対象会社・事業のスタンドアローン価値の最大化である。対象会社の単独価値の未実現の部分を、オペレーションの最適化、財務の最適化といった方策で実現していく。これらは、いわゆるバイアウトファンドがよく活用する方策である。もう1つが戦略

図表8　買収におけるシナジーの構造化

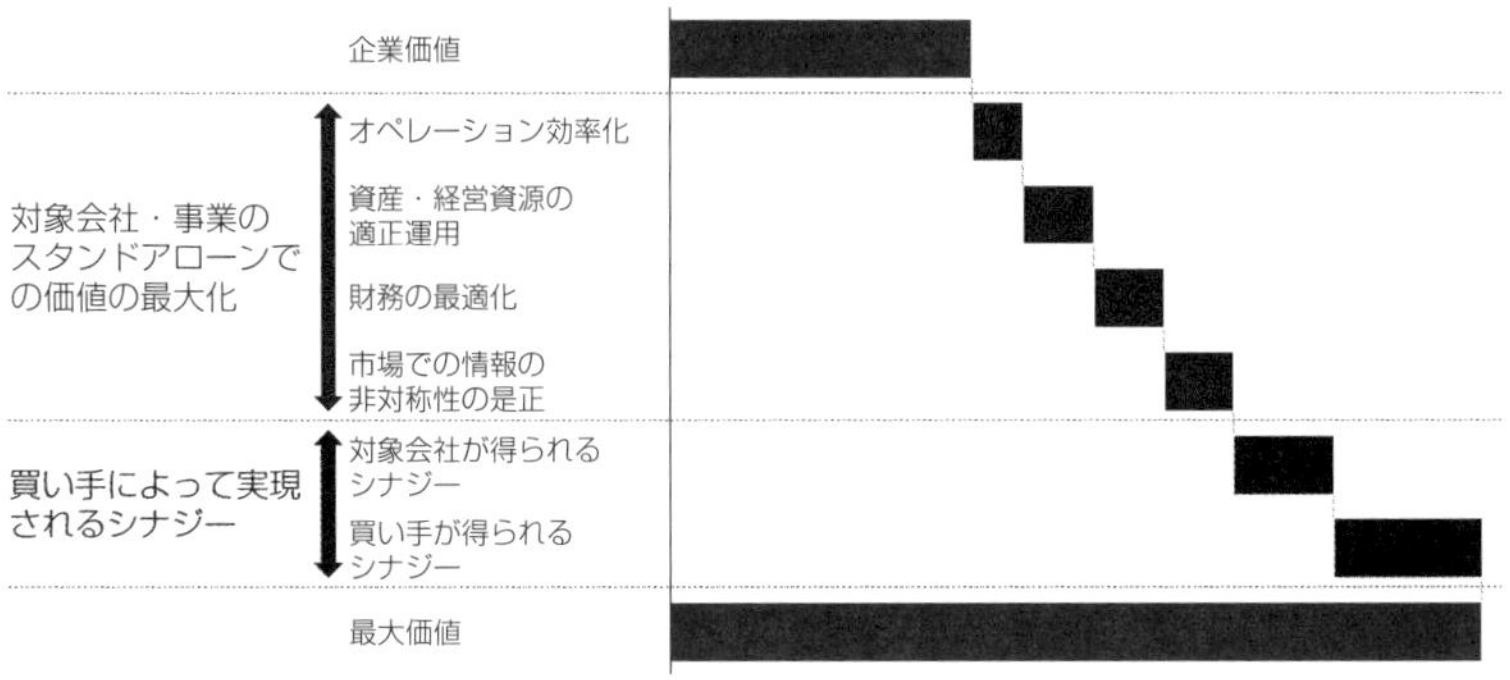

的な買い手（事業会社が多い）にのみ実現可能なシナジーである。こちらが、狭義のシナジーとして捉えられることも多い。

まずスタンドアローンでの価値の最大化は、理論的には買い手を問わず実現可能な価値創出であり、その中身は更に４つに分類できる。１つ目はオペレーションの効率化等による利益率の向上、２つ目はノンコアアセットの売却等を含めた資産・経営資源の適正運用、３つ目はレバレッジの活用による最適資本構成の実現を含めた財務の最適化、そして、４つ目は上場会社を念頭に置いたもので、市場コミュニケーションによりもし株式市場における価値と本源的価値に差異がある場合はこの是正である。

１つ目のオペレーションの効率化において最も一般的なものがコスト効率の最大化による価値向

図表9　最適資本構成の構造

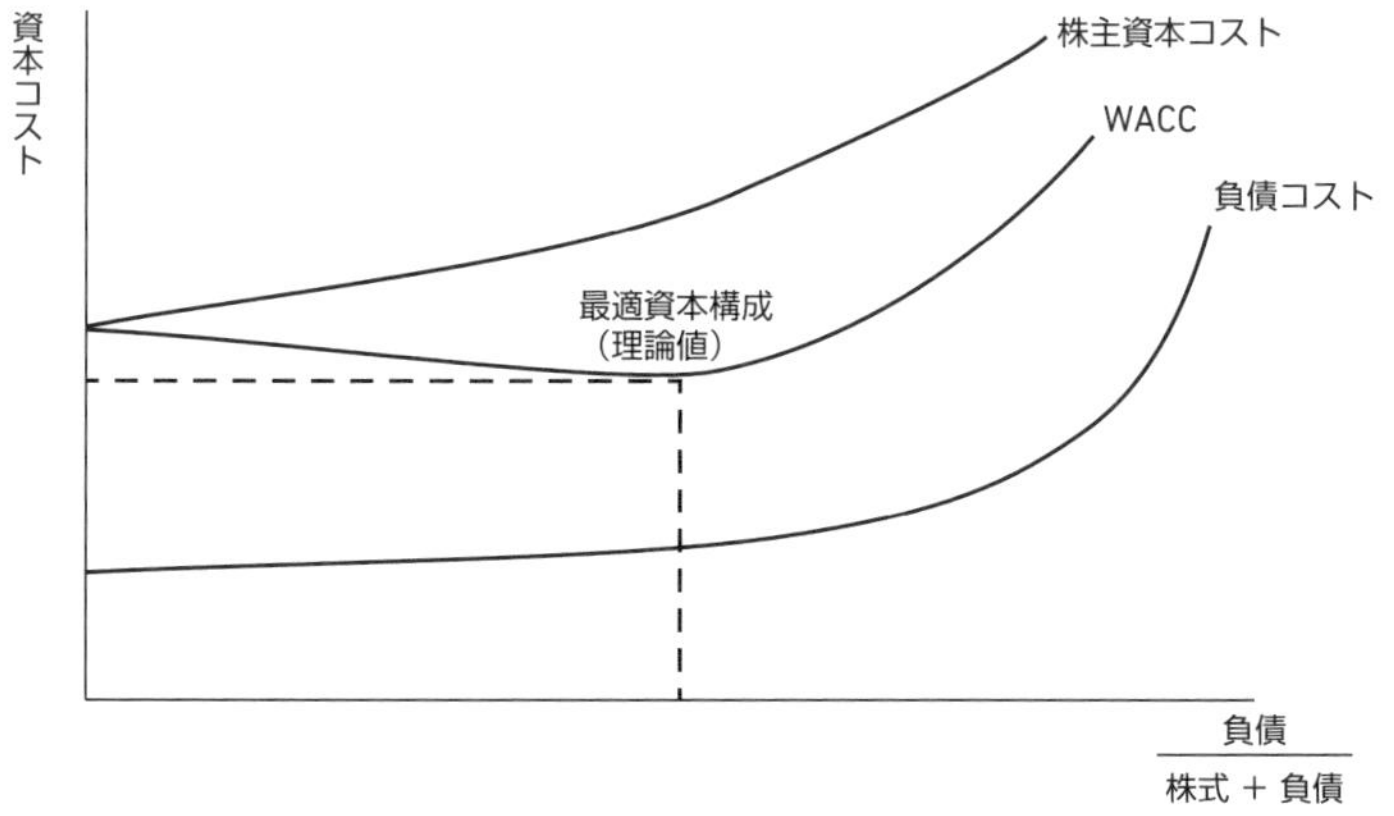

上である。買収時点のコスト効率が悪いほど、買収時点で未発現の価値向上余地が大きく、逆にコスト効率が既に高い場合は限りなくスタンドアローン価値の最大化が実現されていて価値向上余地は限定的であると言える。このことから、M&A巧者が事業売却を進める場合は、売却プロセス開始の数年前より徹底した収益パフォーマンス改善プログラムを実施することが多く、あたかもバイアウトファンドが既に入っているかのような効率化を行うこともある。こうして売却事業のスタンドアローン価値を高めた上で売却プロセスに臨むのである。

２つ目の資産・経営資源の適正運用は、不動産資産や本業とシナジーのない事業や、経営的価値を創出できてない事業を保有している場合、その活用の適正化が挙げられる。エコノミックプロフィットと呼ばれる企業の経済的な付加価値を測定する方法があるが、これは企業が1年間に生み出した付加価値の総額を示しており、計算上はＲＯＩＣとＷＡＣＣの差に投下資本を掛けることで算出される。このエコノミックプロフィットがプラスである企業は価値を創出していると考えられる。実は多くの日本企業は、企業単位あるいは事業単位でＷＡＣＣを下回るＲＯＩＣしか創出しておらず、経済価値を生んでいないと言える状況にある。自社内でこのような資産・経営資源がある場合は、保有していること自体が価値破壊に繋がる。こういった資産を売却したり、より経済価値の高い事業に資源を投下したり、経営資源の適正運用を実施することにより、スタンドアローン価値を向上できる。

３つ目の最適資本構成の実現を含めた財務の最適化については、企業のレバレッジを最適資本構成水準まで引き上げあるいは引き下げることが肝要である。無借金経営が良しとされてきた日本企業特有の文化が未だに根強く残っている中で重要な方策である。最適資本構成とは、ＷＡＣＣを最小化するレバレッジ水準のことである。最適資本構成は正確には観測できないものの、多くの日本企業は最適資本構成地点よりも左、つまりレバレッジ不足（負債が過小）に位置していると考えられる。

４つ目のドライバーは、市場価値と本源的価値に差異がある場合の是正であり、ＩＲやＰＲを通じた市場対話が具体的な方策となる。これはあくまでも上場企業に限定された話であるが、本質的な企業価値を市場価値に反映してもらう取り組みである。例えば、企業価値を適切に反映してもらうトリガーとなるＫＰＩを適切な頻度で開示することや、足許で取り組んでいるコスト改善プランのロードマップを示すなど、単に市場や株主とのコミュニケーションの改善として行うこともある。加えて、戦略として打ち出している施策の現時点での実績やエクイティストーリーの訴求など、その他のパフォーマンス向上や企業価値向上の取り組みと共に実施することで、より明快で説得力のあるメッセージを発信することも可能になる。

前述の４つのレバーは、スタンドアローン価値の最大化に則したものである。一方、戦略的な買い手にのみ実現可能な狭義の独自シナジーも存在する。これが一般的にイメージされる2社の組み合わせによって生じるシナジーである。例えば間接部門の業務統合による効率化、生産拠点の統合による一部拠点の閉鎖、共同購買の実施によるディスカウント獲得、クロスセルによる売上拡大、などが例として挙げられる。

買収のタイプがどのようなものであれ、シナジーをどのように定義し、定量化し、実現するかはＭ＆Ａディールの成否を左右する非常に大きな要素である。本書でも、

M&Aの各ステップにおいてシナジーをどのように捉えるべきかは重要なテーマとしてカバーしていく。M&A戦略策定の段階で、検討しているM&Aの具体的なテーマ（投資命題）がどのようなシナジーを含むかとその強弱を理解する必要がある。ターゲット候補へのアウトリーチの段階では、対象企業に自社と一緒になるメリットを説得していく必要があり、どのようなシナジーを想定するかを相手目線に立って説くことのうまさが問われる。ビジネスDD（ビジネス・デューデリジェンス）が始まると、対象企業の内部情報へのアクセスが可能となり、想定していたシナジーが現実的に実現可能なのか、どの程度のインパクトが創出可能なのかを定量的に推計できる。また、そのシナジーを創出するために必要なコストを見立てるべきである。ビジネスDD終了時には、どの程度までプレミアムを支払っても企業価値向上の説明がつくのかが判明し、その価格以上の場合は潔く買収を撤回するといった案件実施是非の適切な判断となるガバナンスが効くようになる。そして、実際にディールが成立した場合は、PMIで取りうる限りのシナジーを改めて具体化し、それを実現しながら両社の価値創造を最大化していくのである。

シナジーを適切に捉えながらM&Aを進めることは、日本企業が不得手とすることの一つかもしれない。シナジーへの意識や具体性が十分でないままにM&Aを進めようとすると、M&A自体が目的化するような力学が組織内で働いた際に客観的なブレーキが効かなくなる恐れがある。その結果、ディールの是非や価格提示に関する意思決定を誤ったり、買収後のPMI実現が非現実的になってしまったりすることに繋がる。

企業の戦略を実現する一つの手段としてのM&Aという位置付けを明確にする上で、シナジーの捉え方は極めて重要である。「今回のM&Aで具体的に獲得したいもの」を特定し、自前（オーガニック）で実現するよりもプレミアムを支払ってまでM&Aを活用した方が良い理由を明言できることと、シナジーを適切に理解することは密接している。

M&Aにおける「シナジー、ガバナンス、プレミアム」の関係

これまでに見てきたM&Aの原則から、M&Aにおける重要な要素としてシナジー、ガバナンス、プレミアムがあることが分かる。この3つは互いに密接に関連している。

例えば、支払プレミアムは、ガバナンスにおいて支配／被支配の関係が存在するが故、被支配側株主が支配側にプレミアムを要求するのである。また、前述の通り、支

図表10　シナジー、ガバナンス、プレミアムの関係

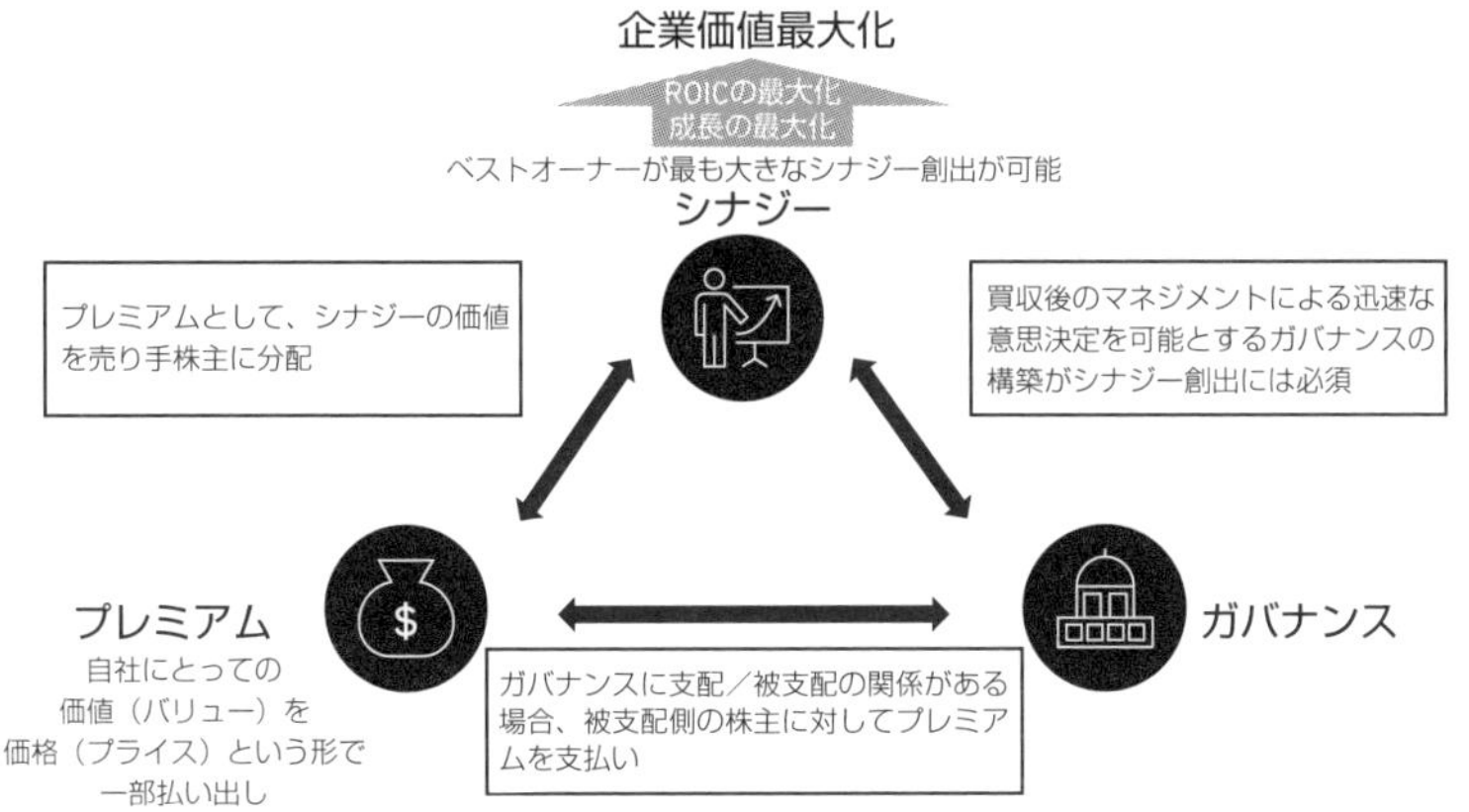
企業価値最大化
ROICの最大化
成長の最大化
ベストオーナーが最も大きなシナジー創出が可能
シナジー
プレミアムとして、シナジーの価値を売り手株主に分配
買収後のマネジメントによる迅速な意思決定を可能とするガバナンスの構築がシナジー創出には必須
プレミアム
自社にとっての価値（バリュー）を価格（プライス）という形で一部払い出し
ガバナンス
ガバナンスに支配／被支配の関係がある場合、被支配側の株主に対してプレミアムを支払い

払プレミアムはシナジー効果の一部をアップフロントで買収対象企業の株主へ支払うものである。当然ながらシナジーが存在することがプレミアムの大前提となる。そしてシナジーの創出には、買収後のマネジメントによる迅速な意思決定を可能とするガバナンス構築が必須となる。つまり、シナジーの効果を最大限引き出すためには、いわゆる「主従関係」を明確化することが効果的であると言える。このシナジー、ガバナンス、プレミアムの大原則は、普遍的な原理原則であると言えよう。

ただし、ここでいうガバナンスにおける支配／被支配の関係は、そのままＰＭＩにおける全ての意思決定や仕事の進め方に適用されるわけではない。実際のＰＭＩでは、どのよ

うに一つ一つの意思決定を行うかはディールごとに異なり、両社で方針を決めながら推進していく（詳細は第4章で述べる）。ここではあくまで、ディールの全体構造や取締役会の階層における「支配権」とガバナンスを指している。

余談であるが、日本企業でも海外でも、「対等合併」や「Merger of equals」という概念が存在する。支配（コントロール）の概念がなく、故にプレミアムも発生しないと考えられ、一見メリットがあるように思える。一方で、我々の考えとしては、Merger of equalsは構造的に成功しにくい面も多く、一概には勧められないと考える。一つはディール構造として主従関係が存在せず、シナジー達成の難易度が高い点が挙げられる。言い換えれば、実現すべきディールの成果や目標の設定が困難であることである。また、組織的にも、「対等」を追求すればするほど、Co－CEOや取締役の構成から、現場の指揮系統や役職者の数など、あらゆる意思決定の仕組みで二重構造や社内政治的な配慮が蔓延するリスクがある。シナジー実現や価値向上の迅速なアクションよりも、「対等」であることへのこだわりから生じるお見合いや権力闘争に労力が割かれてしまい、取締役の階層でもガバナンスが効かない、というマイナスのシナリオのリスクが高いのである。

M&Aの成功と「類型」

「M&Aの成功」の正確な定義は容易ではないし、外部公開情報で成否が容易に判断できる単一指標のようなものは存在しない。特に注意しないといけないのが短期的な市場の反応である。例えば以下のような測定指標に過敏に反応し、その成否を判断するのは本質的ではないと我々は考える。

- M&A発表時点の株価の変化：M&A発表時の短期的な株価の反応は、あくまでも資本市場のその時点での期待の織り込みに過ぎず、十分なIR開示やM&Aを通じたストーリーが訴求されていない場合、長期的な株主リターンとは相関しないと考えられる
- マルチプルや利益指標（例：EPS）の即時的な増加・下落：買い手もしくは買収対象企業いずれかの高いマルチプルが適用されたまま、EPS等の増大化によって価値創出が実現されるという考え方（マルチプル・エクスパンション）に基づいた企業価値算定は案件の実施自体では価値創出はされないという価値創造の原則に反するため、M&Aディールによるその後の価値創造と直接の関

連はなく、本質的な成否の判断材料として用いるには疑問が残る
●買収したアセットの減損：減損があるとそのＭ＆Ａは失敗と見られることは多い。一方で、減損はあくまで買い手企業の貸借対照表・損益計算書上での価値毀損に留まるため、そのＭ＆Ａの戦略的な意図や価値創出先が買い手企業の貸借対照表・損益計算書以外の点にある場合も存在し、単純に貸借対照表・損益計算書のみを見て失敗だったと結論付けるのは尚早である

その他、買収の際のプレミアムの多寡や達成したシナジーなど、Ｍ＆Ａを実行するにあたって自社が考慮すべき指標はいくつもある。しかし、外から見てＭ＆Ａの成否を端的に評価できる類いの唯一絶対の数値ではない。

そこで、マネジメントとしては、中長期的な株価（ＴＳＲを含む）を指標として捉えるのが望ましいと考える。当然、Ｍ＆Ａ実施後時間が経過するにつれて様々なファクターが株価に織り込まれていくのでＭ＆Ａ単体の指標として見ることはできないが、あくまでもマネジメントとしてＭ＆Ａの成否を含めて目指すべきは、株価（≒株主価値≒企業価値）の最大化という点は変わらない。

我々はＭ＆Ａを組織能力として備え、活用しているが故に、長期的な企業価値の向

上に十分に寄与しているかという点もM&Aの正否や巧拙を考える際の重要な観点だと考えている。もちろんこれは前述の戦略的および財務的な目的を達成し、価値創造をしているかという観点とも連動する。すなわち一つ一つの案件で価値創造を積み重ねることが、長期的にM&Aを戦略や業績の実現に活用できることに繋がることになる。これらを組織として確度高く実現できる力が「組織能力としてのM&A」と我々は考える。本書の狙いは、この「組織能力としてのM&A」を解き明かしていくことである。

マッキンゼーが長年実施してきているM&Aについての研究から、組織能力としてのM&Aを考える。まず、M&Aを案件単位ではなく、その企業が一定期間を通してどの程度のM&Aを行ってきているかの類型を定義する。その定義とは以下のとおりである。

- **プログラマティック**：年に1~2件以上の中小規模の買収を実施し、それらでの累計で時価総額の一定割合以上を買収で獲得
- **選択的**：選択的な買収（案件数は少なく、買収によって獲得した時価総額の対象規模も幅広い）

- **大型案件**：変革的な大型ディールを少なくとも1件実施（時価総額の少なくとも30％を占める）
- **有機的（オーガニック）**：目立ったM＆Aは見られない（3年に1件以下）

2013年から2022年までの、グローバルの時価総額上位2000社を見ると、プログラマティック型に分類される企業は全体の14％である。このうちの日本企業を母集団として見ると、そのうち9％がプログラマティック型である。

この分類が有意義なのは、プログラマティック型が他の型よりもリターンが高いことが端的に示されるからである。調査期間の各企業の株主リターンがそれぞれの企業の業界平均をどの程度上回っているか（超過TSR）を見ると、プログラマティック型の中間値がその他の型の企業群の中間値よりも大幅に高く、より高いリターンを実現していることが分かる。

プログラマティックM＆A型に分類される企業は、日本企業でもグローバル全体で見ても、統計的に他の類型よりも非常に高いリターンを実現していることが示される。この結果は、異なる期間（2007〜2017年など）を取っても同じ傾向を示し、非常に強力な示唆を含む結果であると考える。

図表11　M&Aの類型による企業の分類

M&Aの類型		主要グローバル企業における割合	主要日系企業における割合
プログラマティック	**年に1～2件以上の中小規模の買収を実施し、**それらでの累計で時価総額の一定割合以上を買収で獲得	14%	9%
選択的	**選択的な買収** （案件数は少なく、買収によって獲得した時価総額も幅広い）	47%	54%
大型案件	**変革的な大型ディールを少なくとも1件実施** （時価総額の少なくとも30%を占める）	14%	7%
有機的	目立ったM&Aは見られない **（3年に1件）**	26%	30%

（注）グローバルのマッキンゼーで調査した企業価値上位企業2,000社。2012年12月31日時点の上位（>$2.5Bn程度）かつ2022年12月31日に上場している企業で、中米およびアフリカに本社のある企業を除く。日本企業は上記サンプルから日本に本社のある企業を抽出
（出所）Capital IQ、McKinsey

つまり、真にM&Aを組織能力として持ち活用している企業は、長期にわたって他企業よりも高いリターンを出すことができる、ということが示されるのである。一方で、それを実現している企業は、グローバルでも全体の14%であり、日本企業ではわずか9%しかない、ということも特筆すべきである。

この調査は、「プログラマティックM&A」が、企業がM&A活動を強化する際に目指すべき型の一つであることを示している。

日本企業のM&Aの成功について、他の調査結果も参照したい。デロイトトーマツコンサルティング合同会社がM&A経験のある日本企業190社に対して行った調査によると、過去に実施したM&Aにおいて目標を十分に達成できた企業の割合は全体の36%であった[6]。また、

図表12　M&Aの類型ごとの株主リターンの中央値

4つのM&Aの類型のうち、プログラマティックM&Aのリターンが最も高い
M&Aカテゴリーごとの超過TSR中央値、%、2013年1月–2022年12月

M&A の類型		グローバル企業の超過 TSR 中央値	日本企業の超過 TSR 中央値
プログラマティック	**年に 1 ～ 2 件以上の中小規模の買収を実施**し、それらでの累計で時価総額の一定割合以上を買収で獲得	2.3	2.0
選択的	選択的な買収 （案件数は少なく、買収によって獲得した時価総額も幅広い）	0	-1.7
大型案件	**変革的な大型ディールを少なくとも 1 件実施** （時価総額の少なくとも 30% を占める）	-0.1	-0.1
有機的	目立った M&A は見られない **（3 年に 1 件以下）**	-1.6	-2.3

（注）グローバルのマッキンゼーで調査した企業価値上位企業2,000社。2012年12月31日時点の上位（>$2.5Bn程度）かつ2022年12月31日に上場している企業で、中米およびアフリカに本社のある企業を除く。日本企業は上記サンプルから日本に本社のある企業を抽出
（出所）Capital IQ、McKinsey

日本経済新聞での調査では、日本企業の海外企業の買収の成功率は1～2割と言及されていた[7]。更に、日経ビジネスにおいてゴールドマン・サックス証券のM&A統括責任者、矢野佳彦氏がM&Aは全体の2割が成功と言及していた[8]。

この成功率がおよそ実態に近しいとするならば、日本企業によるM&Aがうまくいかないという認識は強いと言わざるを得ない。グローバルにおいてもM&Aは難しいものであるという認識は強いが、それに比べても日本企業はM&Aが不得手と言えるのではないだろうか。その所以としてはM&Aの各段階や成功要件に沿って様々な理由が挙げられる。例えば、戦略のないまま、いわゆる「持ち込

み案件」に飛びついてしまう。過大なプレミアムの支払いに伴い、売り手の株主に対してほとんどの価値が帰属してしまう。または買収前のシナジー分析が不十分であり、想定シナジーが十分に創出できない。あるいは買収先の企業を放置あるいは細部に介入しすぎるなど、事業の本質的な成功要件（ドライバー）を向上させないＰＭＩを行って買収先の現業の勢いを削いでしまうなどだ。

本書の各章では、我々の経験で見てきたものも含めた日本企業のＭ＆Ａの「癖」に触れつつ、組織能力としてのＭ＆Ａの構築について解説していく。

日本企業のＭ＆Ａを成功へ導く経営陣の心構え

Ｍ＆Ａの成功へ、経営陣の５つの心構え

過去の日本企業によるＭ＆ＡやＭ＆Ａにおける価値創造の原則をたどり、日本企業

6　ダイヤモンドオンライン「Ｍ＆Ａを失敗させる「人と組織」の問題とは？」２０２２年3月8日
7　日本経済新聞モネータ女神の警告「成功率はわずか2割　Ｍ＆Ａは失敗の歴史」２０１８年8月30日
8　日本経済新聞時論・創論・複眼「海外買収、もろ刃の戦略（複眼）」２０１８年6月26日

の経営陣が意識すべきM&A成功の要諦を考える。ここでは敢えて5つに絞り、経営陣の視点からM&Aを成功させる上での必要な心構えを提起したい。決して必要十分条件ではないが、いずれも重要な心構えとして認識するに値すると考える。本書の次章以降の具体論もこれらの心構えと共に意識、実践することが日本企業のM&Aの成功確率を上げることに繋がると信じている。

1. 全てのM&Aにおいて全社戦略や事業戦略とM&Aテーマの一貫性を保持すること
2. M&Aで対象会社から獲得するケイパビリティを明確化し、明確なシナジー説明ができるようにすること
3. M&Aは「負けから始まるゲーム」であると認識すること
4. M&Aにおける経営陣の役割を「鍵となる重要な数々の意思決定を行うこと」と認識すること
5. M&Aはワンタイムイベントではなく組織能力であり、M&Aを継続して成功させる組織能力の強化を継続すること

1つ目は、「全てのM&Aにおいて全社戦略や事業戦略とM&Aテーマの一貫性を保持すること」である。既に述べたことであるが、最も重要で外すべきでない心構えと言えよう。M&Aはあくまで全社および事業戦略を実現するための手段であり、場当たり的にも独立的にも実施されるものではない。投資銀行、銀行、M&A仲介会社等からの持ち込み案件を頼り、いわば受動的にM&Aに取り組むのは望ましくない。自社の買収候補リストを明確な基準に沿って常に手元に持ち、それを能動的に推進し、更新するエンジンを構築して運営することが重要である。

2つ目の心構えは、「M&Aで対象会社から獲得するケイパビリティを明確化し、明確なシナジー説明ができるようにすること」である。一見、当然のように聞こえるが、必要な具体性を伴って実践するのは難しい。これが十分にできていない日本企業では、M&Aのテーマの抽象度が高すぎることが多い。およその業界や領域を設定するだけでは不十分で、具体的にどのようなケイパビリティを取得するのかを設定する必要がある。更に、自社が対象企業に提供する価値（シナジー）も同様に明確化することも、その後のアプローチやディール交渉を見越して重要である。これらを明確にすることにより、はじめてどのような企業を買収すべきかの評価と選択の基準が明確になる。対象とする業界や業種にある様々な企業のロングリストから、本当に詳細検討やアプローチすべきショートリストの企業を絞り込めるくらいに選択基準が明確にできているかが、この心構えが実践できているかどうかの基準線になると考えるのがいいだろう。

3つ目は「M&Aは負けから始まるゲームであると認識すること」である。M&Aのほとんどでは構造上、「未実現のシナジー価値」の一部をプレミアムとして売り手側の株主に先払いしている。一定程度のシナジーを醸成してはじめてブレイクイーブンに立つという性質のゲームである。

M&AにおけるPMIやガバナンスの徹底が重要な理由もこの点が大きく関わる。アップフロントで対象会社の本源的な価値以上の価格を支払っているということは、シナジーの創出は絶対なのである。このシナジー創出の計画、蓋然性、進捗を随時示し続けることが、株主に対する最低限の責務であると考えられる。また、買収した会社自体の業績のマネジメントやガバナンスも同様に重要である。M&Aがクロージングしたら関心を失ってしまったり、対象会社を「尊重」の名の下にほぼ放置してガバナンスやシナジーに十分に力を注がないことは、貴重な資本のアロケーションや価値創造という経営陣の役割を十分に果たしているとは言い難い。「負けから始まるゲームである」であるM&Aにおいて成功を収めるには、経営陣としてPMIやガバナンスに十分な労力や注意を注ぐことは必須である。PMIの具体的な進め方の要諦は第4章で述べるが、まずは心構えとして必ずシナジー創出やガバナンスまで経営陣の責任を全うすることを念頭にM&Aに臨むべきである。

4つ目は、「M&Aにおける経営陣の役割を『鍵となる重要な数々の意思決定を行うこと』と認識すること」である。M&Aは各段階で無数の意思決定が求められる長丁場である。経営陣としては、数ある意思決定において詳細に入り過ぎても、現場に任せきりにしてもいけない。戦略策定からの各段階における鍵となるいくつかの意思決定を、価値創造の原則やM&Aの目的に則って一貫して行うことが経営陣の責務ということである。加えて、その意思決定をタイムリーに実施することが鍵となる。特にディール交渉においては、自社の通常の時間軸でゆっくり時間をかけて情報を現場に集めさせ、何度も検討しながら判断する余裕のあるディールは極めて限られている。オークションではなく相対のディール交渉であっても、対象会社は将来のオーナー候補である買い手の意思決定のやり方を注視しており、信頼関係の構築にも関わる。言わずもがなだが、意思決定の時間切れで他の買い手にディールを奪取された例も多く存在する。

例えば、あるグローバルの消費財企業ではCEOがM&Aを強く推進していた。社内での調整から海外の売り手との交渉までＣＥＯが積極的に参加していたのは評価されるべきではあるが、最高意思決定者がディールチーム側に強く寄り添うことになってしまい「ディールをしたい」気持ちが前面に出るようになってしまった。このような状況になると、「企業価値の最大化を実現するための正しい意思決定をファクトに基づいて実施する」といった本来の目的よりも「ターゲットを買収したい」という気持ちが強くなってしまうことが多く、客観的な判断ができなくなってしまう。

また、別の例としては、あるエネルギー企業においてＣＥＯがＭ＆Ａに関する意思決定を全て執行役員に委任しており、取締役会決議等において当該Ｍ＆Ａに関する自身の意見を放棄していた。規模が小さい案件の場合はそれほど大きな問題にはならないが、特にＭ＆Ａが中期経営計画等で重要なコーポレートイベントとして位置付けられている場合、ＣＥＯがある程度責任を持った意思決定をする必要がある。

経営陣によるＭ＆Ａの意思決定は、ディール段階に限らず、戦略からＰＭＩ、ガバナンスを通して一貫して遂行すべきである。本書ではＭ＆Ａにおける経営陣の役割に焦点を当てて内容を凝縮しており、各段階で適切な意思決定と現場の主導を行うための要諦を強調している。各段階によって具体的な関与メンバーや会議体は異なることが多いが、価値向上の原則やＭ＆Ａの企業戦略における目的は一貫しているはずである。戦略からＰＭＩの完了まで数年単位に及ぶ長丁場のＭ＆Ａの旅路において、各段階での鍵となる意思決定をなるべくあらかじめ社内で定義し、必要な情報を適切な粒度かつ適切な量で適切な意思決定機関に提供し、企業価値最大化の観点から意思決定を行えるようにすることが経営陣のＭ＆Ａにおける本質的な役割と言える。ほとんど全ての企業では、経営陣にも現場にも適切な意思決定を狂わす構造的なバイアスや癖、落とし穴が数多く存在する。更に日本企業には特有のＭ＆Ａにおける「癖」とも呼ぶべき傾向があるというのが我々の実感でもある。この癖や落とし穴に落ちずにＭ＆Ａを確度高く遂行していく力が、組織能力としてのＭ＆Ａであるとも言える。

５つ目は、「Ｍ＆Ａはワンタイムイベントではなく組織能力であり、Ｍ＆Ａを継続して成功させる組織能力の強化を継続すること」である。Ｍ＆Ａの成功には、「これさえやれば大丈夫」といった特効薬はない。しかし、前述の「プログラマティック型」と「選択的型」の企業群のリターンの差からも分かるとおり、継続してＭ＆Ａを成功させる組織能力は存在しており、構築や強化が可能なものである。

Ｍ＆Ａは組織能力なので、属人的に一人や数名の力に頼るものではない。また、一足飛びに実現できるものでもない。一つ一つのディールにおける各ステージの行動をベストプラクティスに近づける中で身に付くものである。成功・失敗によらず、振り返りと反省を繰り返し、その学びを組織知として蓄積することで、M&Aの実力が向上していくのである。プログラマティックM&Aを行う多くの企業では、M&Aのテーマや価値創造の「型」も、自社の戦略に沿ってパターン化していることが多い。投資命題や価値創造のやり方が近いほど、自社のプレイブック（手順の詳細が経験に基づきまとめられた定石集）の完成度が上がり、成功確率も上がるはずである。

もちろん、M&Aを実際に推進していく体制も鍵となる。詳細は次章で述べるが、M&Aを推進する体制は特に日本企業の多くに圧倒的に欠けていると言える。我々がM&Aについて討議や支援をする企業のほとんどにおいて、異口同音に体制の不足や人材の欠如について嘆く声が聞かれる。「にわとりと卵」の状態で、M&Aの成功履歴が乏しいので人材が集まらずに体制が組めない、そして体制がないからM&Aを加速して成功に導けない、といった具合である。既に外部からのM&A人材の採用は熾烈な競争を極めているように感じる。

我々が勇気づけられるのは、多くの日本企業がこの停滞の構造を何とか打破しようとしていることである。まずは一つでも成功体験を作り、そこから内部人材の登用や育成と外部人材の採用を加速し、プログラマティックにM&Aを推進する体制と組織能力を構築することを視野に入れている日本企業は、数年前に比べて確実に増えていると実感している。

コラム：買収と両輪とするべき事業売却

企業価値創出では、「引き算」による方法として買収と同様に有効なのが事業売却である。

マッキンゼーの研究で、ポートフォリオの更新には適切なペースがあることが明らかになった。10年間で売上構成の10～30％が異なる事業から由来するペースでポートフォリオを動かした企業が、それよりも遅くあるいは速く事業構成を変えた企業よりも高い企業価値を創出している。このことからも、買収に加えて売却もそれを達成する有力な手段であることが示唆される。

自社の事業について、もし自社がベストオーナーではない場合、ベストオーナーに売却することで、現在よりも高い価格で売却ができるため、自社の株主価値の向上に貢献できる。売りのM＆Aは、売却対価が売却事業の本源的価値（スタンドアローン・ベース）を上回る取引になる原則から、ほぼ１００％経済的な観点からは成功すると考えられるのである。

「選択と集中」という言葉は既に多くの企業経営者に浸透している。一方で日本企業は実質的な「選択と集中」が依然、十分に進んでいないと言える。多角化企業における事業売却は、決して簡単ではない。「祖業の縛り」や長年取り組んできた事業に対する思い入れは大変強い。育ててくれた先輩への恩返し、自分が所属した事業への恩義といった思いが精神的なハードルとなり、売却の判断を難しくしているようにも見える。社会的にも事業売却に対して必ずしもポジティブな声だけがあるわけではない。

では、「保有ありき」から脱却するためには、どのような考え方が必要なのだろうか。「自社事業を売却すべきか」と考えるより、「自社が本当に保有すべきなのか、その事業で働く従業員やステイクホルダーに対して、自分たちは最も適したオーナーであると胸を張って言えるのか」と考えるのも一つの手である。こうして客観的な議論や検討を促すのである。

このような組織における強力な「慣性」は、日本企業以外でも存在しており、経営陣として勇気のある客観的な判断を行う工夫が施されている企業も多い。あるエネルギー系企業の経営企画部門は、毎年自社のアセットの3〜5％を売却候補として挙げることが義務づけられている。別のフォーチュン100企業では、各事業ユニット長は、常に自身の管轄下の事業から3事業を売却対象として挙げておかなければならないとしている。

更に、売却の経験を得ることで、よりうまい「買い手」となる期待も持てるであろう。M＆A交渉の両面の経験値を積むことで得られる組織能力は侮れない。もちろん、売却で得られるキャッシュがその後の買収の資金源にも充てられる。このように、様々な角度から、買収と売却は価値創造の両輪として組織的に推進すべき動きである。

まとめ：M＆Aで価値創造を実現するための原則と心構え

この章では、企業価値の創出におけるM＆Aの役割と、M＆Aの成功における原則をまとめた。M＆A戦略や案件を進める際にもこの原則に立ち戻ることで、何のためにM＆Aを行っているのか、何が大事なポイントかを明確にしていく指針にしていただきたい。また、企業の経営に関わる上で、M＆Aについて特に意識すべき心構えを述べた。企業戦略と結びついたM＆Aテーマと求めるケイパビリティ明示すること。「負けから始まるゲーム」だからこそ、成功に導くための意思決定の一つ一つを正しく積み上げること。また、それらを繰り返し実現できるように組織能力としてのM&Aを構築・強化すること。これらの心構えを念頭に、続く各章では、M&Aのステージに沿って、経営陣としてどのように自社のM&A能力を組織的に向上させることができるか、具体的に論じていく。本書を通じて、上記の心構えをどう実践的なアクションや組織体制に反映させるかが明らかになると期待して読み進めていただけると幸いである。

第2章

戦略策定からソーシングの組織能力構築

M&Aの目的は第1章で論じた通り、全社の成長戦略を実現するための施策である。一口に成長といっても、アプローチは海外進出の一手であったり、業界再編の文脈での顧客獲得やスケール拡大のための買収であったり、と様々である。また、これまでにM&Aを行ってこなかった企業が大規模なM&Aや海外でのM&Aに踏み出す前に経験値を積むために小規模M&Aを行うという事例もある。

M&Aを実行していくには買収対象企業（ターゲット）の特定から当該対象会社との交渉、並行して行われるデューデリジェンス（DD）、社内の経営会議など意思決定の会議体の準備や銀行団との交渉など多大なる労力が割かれるので、ともするとM&Aの実行自体が目的関数になってしまう恐れがある。また、全社戦略の中で一定期間内にXX件、もしくはXX億円規模の投資を行っていくという方針が出ているとその目標達成に担当部署の意識が行き過ぎてしまって冷静な判断をできなくなったままディールを進めてしまうリスクにも留意する必要がある。

重要なのは、あくまで全社戦略の中で設定されている目標達成の手段としてM&A戦略を定義していることである。全社戦略の枠外での外部からの持ち込み案件や、ぽっと出てきた案件に飛びついてしまったがために失敗に終わるM&Aの事例は数多い。多くの件数のM&Aを実行している企業の経営陣との対話でも、「M&Aをそれ

図表13　M&Aプロセスの全体像

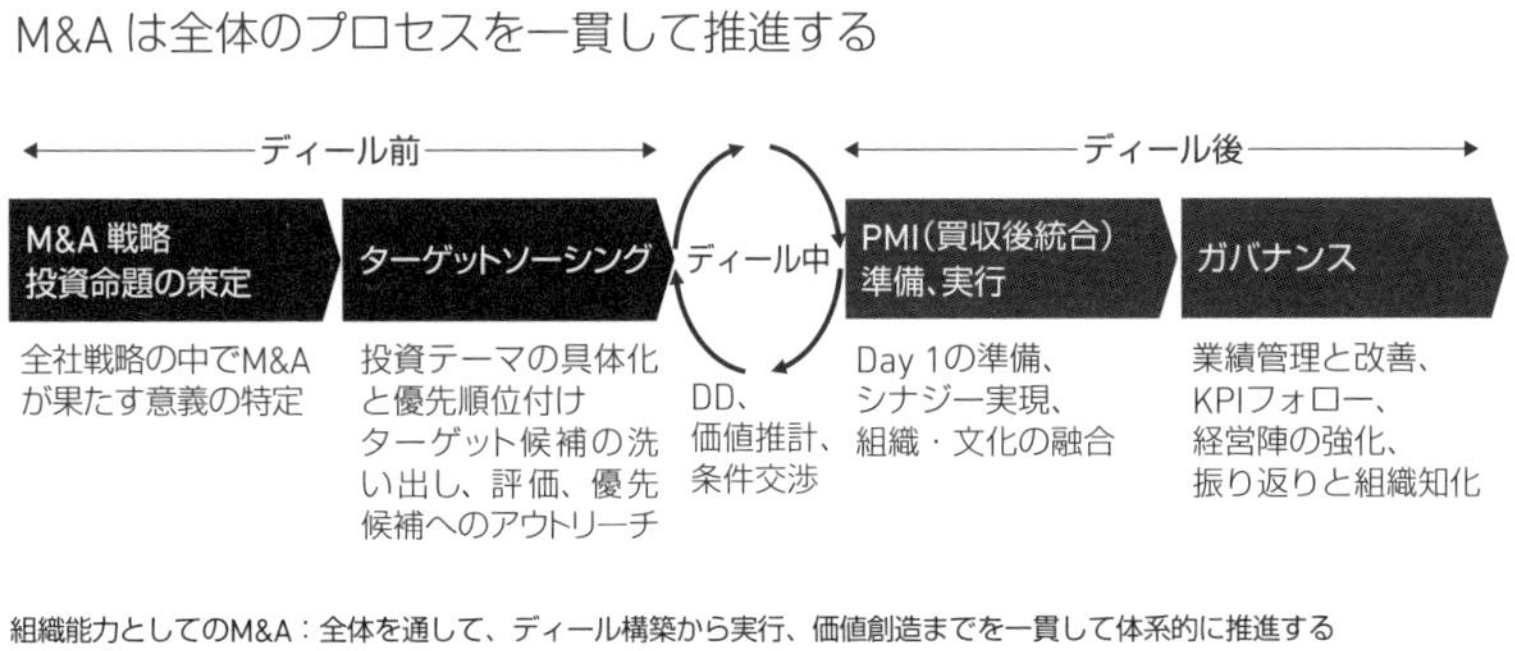

なりにやるから持ち込み案件がたくさん来るので、それに反応しているだけ。自ら主体的にターゲットにアプローチをしたり、明確なM&Aのパイプラインを持っていたりするわけではない」という企業が意外に多いことを実感する。

更に、いったんM&Aのディールのプロセス（DDや交渉のステージ）に入ってしまうと、組織の雰囲気が〝ディール中〟の状態になる。DDやそれまでの調査にかかった労力や費用など、本来であればサンクコストに分類されるべき事柄に目が行ってしまい、現場であるディール実行部隊が引くに引けなくなる。結果として戦略的には意義の薄い案件に対して高すぎる全額を払ってしまう、というケースも本当に数多く見られる。

逆に、「前の中計ではM&A予算を数千億円用意したものの、実際は案件もそれを自社で推進する工数もなく、100億円も使えずに終わった」と嘆く経営陣にも幾度も出会っている。

M&Aの位置付けとは企業の成長戦略の一部であり、常に全社戦略や自社のケイパビリティと整合したものでなくてはならないということを繰り返し強調したい。更に、戦略を実行に繋げるためには、自社でその戦略を案件創出に繋げる組織的な機能と運用が求められる。本章では、「M&A戦略と投資テーマの具体化」、「M&A戦略に基づいたディールソーシングの推進」、「M&A推進体制と組織能力構築の要諦」について詳しく述べる。これらはM&Aの組織能力を強化し、M&Aの成功確率を継続的に向上させるには不可欠な要素である。特に本章ではM&Aのプロセスの中でも〝ディール前〟の組織体制と運営に焦点を当てる。

M&A戦略と投資テーマの具体化

M&Aブループリント：企業戦略の中でM&Aを位置付ける

戦略的な投資（M&A）においては、しばしば〝ディール中〟のDDや〝ディール後〟のPMIに意識が行きがちであるが、〝ディール前〟の段階、つまりM&A戦略とそのブループリント（M&Aを通じて、いかにして、なぜ事業戦略が達成されるか道筋を示した青写真のことを我々は〝ブループリント〟と呼ぶ）の策定、および当該戦略に基づいたディールソーシングがＭ＆Ａ成功のためには肝要であることを強調させていただく。一般的に陥りやすい失敗例としては、このディール前のＭ＆Ａブループリントの設定を疎かにしてしまい、Ｍ＆Ａありきのディール前ソーシングが行われて、結局なんのためのＭ＆Ａなのかが明確になっていないままに、ＤＤに進んでしまうことである。

当該〝ディール前〟のＭ＆Ａブループリントの策定を確実に行うためには、以下のようなポイントを押さえることが重要である。

- **企業戦略**：組織がその目標を達成するためのプランを要約したものをまずは策定する
- **Ｍ＆Ａ戦略・ブループリント**：企業戦略を支えるキートピックにＭ＆Ａを位置付けた上で、Ｍ＆Ａを通じて、いかにして、なぜ事業戦略が達成されるか道筋を示したものを言語化する。全社戦略に最も適合する形で、Ｍ＆Ａ資金を定期的に再配分する
- **Ｍ＆Ａテーマ（優先的投資命題）**：自社が事業戦略を実行する上でＭ＆Ａが不可

欠である領域とM&Aで入手すべきケイパビリティを具体的に特定する。更に、自社がターゲット企業に対してどのようなケイパビリティを提供できるか（仮説的にどんなシナジーが考え得るか）も併せて明確化する

- **ソーシング**：M&Aのテーマに沿ったターゲットのリストアップ。その際の選定基準の設定（例：主要な市場の魅力、会社の規模、売上・利益成長率、利益率、顧客層等）と優先順位付けを通じたターゲットの絞り込みと積極的なアウトリーチを行う

特にディールのソーシングにおいては、図表14のようなファネルをイメージすると分かりやすい。1件のディールを遂行することから逆算すると、M&Aのテーマによっては数十を超える候補をロングリストとして処理する必要が生じるのである。ただ、この数字はあくまで目安である。M&Aのテーマによっては、対象候補が数えられる程度にすぐに絞られるものから、数百ものスタートアップや新興企業から勝ち馬を選ぶものまで様々である。後に具体的な事例と共に詳説する。

M&A戦略・ブループリントは、「企業戦略のどの部分の達成のため、どの業界や分野で、どの程度の規模・回数のM&Aを行う必要があるか」を定めたものと理解い

図表14　M&Aのファネルの絞り込みイメージ

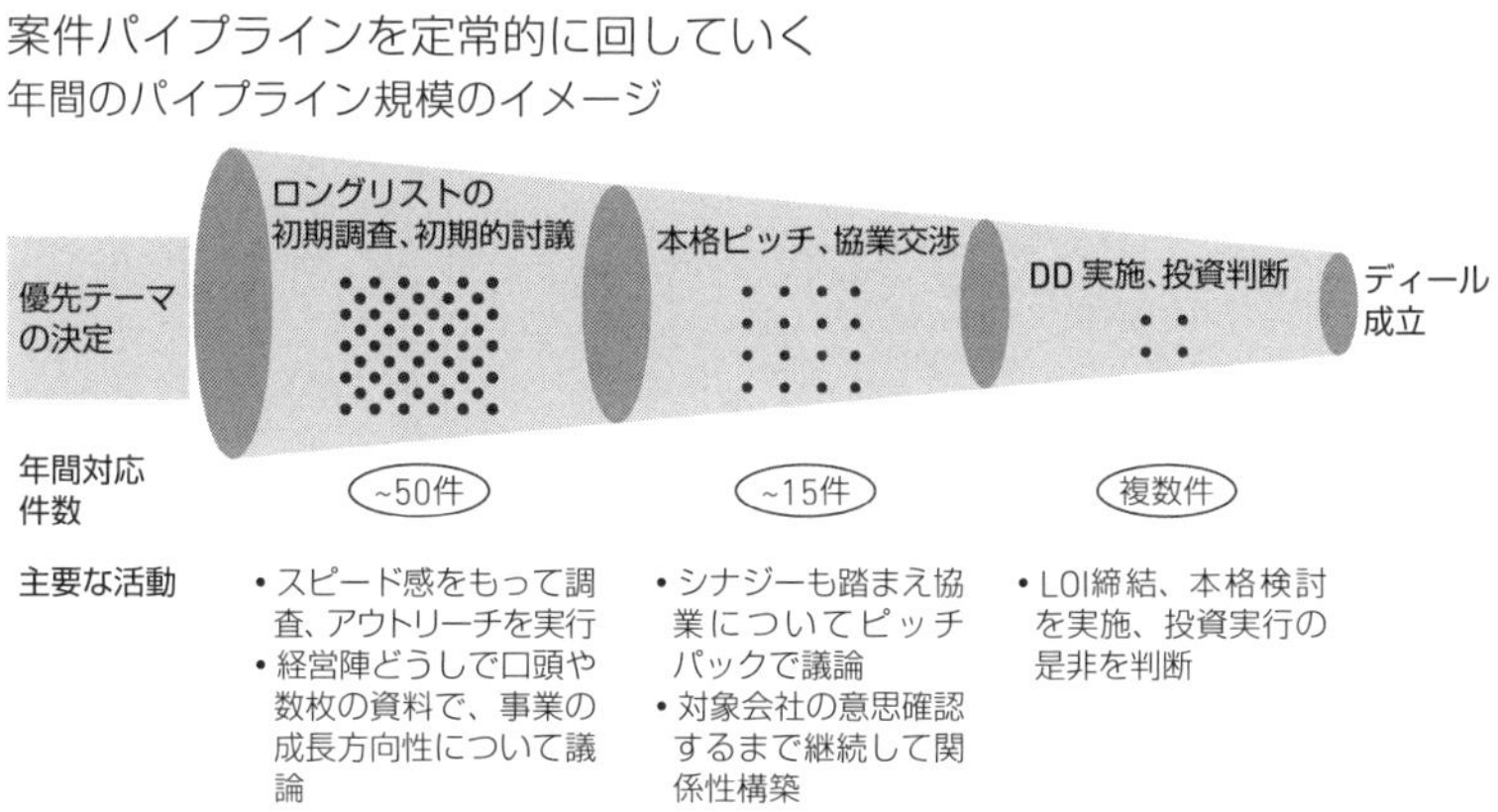

ただくとよい。例えば、自社の事業領域に影響を及ぼす脱炭素化トレンドに乗じて、「欧米の脱炭素関連のサービス事業においてM&Aを実施して、100億円規模の売上の事業を足掛かりとして構築する」といったものが考えられる。自社の戦略のどの部分に当てはまるのかは明確であり、規模感もおよその領域も特定されている。一方で、これではまだ具体的なターゲット選定に動けるレベルには達していない。その具体性は、「M&Aテーマ」の策定において担保する。

M&Aブループリントは、自社の戦略の性質によって、いくつかの方向から導くことができる。

一つのアプローチは、自社のコア事業そのものの強化が必要な場合である。自社の既存事業におけるスケール拡大のために、特定の製品群や地域においてＭ＆Ａを実行する。このようなアプローチの場合は、Ｍ＆Ａの目的も比較的単純であり、Ｍ＆Ａの具体的なテーマへの落とし込みも円滑に行える可能性もある。そもそも、既存事業がある程度の規模や市場シェアを得ているのなら、そのギャップの特定も比較的に容易である場合が多い。更に対象候補となるのは同業企業であることも多く、その特定や優先順位付けも行いやすい可能性が高い。既存事業内でのＭ＆Ａであるが故に、シナジーもコストと売上の多くの項目にわたるであろう。このようなＭ＆Ａ戦略は、最もシンプルな類いであると言える。

もう一つのアプローチは、自社の今後のコアとなる事業の強化のために、今は立ち上げ期にある事業や既存事業に近接する領域を強化する場合である。この場合は、前述の既存事業そのものの強化の場合よりも、Ｍ＆Ａの具体化は困難である可能性が高い。まず、現時点ではコアでないので、自社内に当該領域の知見が比較的に溜まっていないと考えられる。故に、Ｍ＆Ａテーマの具体化やターゲットの選定、自社が対象企業に提供できるシナジー特定など全ての難易度が上がることが多い。しかし、自社のポートフォリオを、追い風のある業界や長期トレンドに沿わせてシフトしていくために、このような距離感のＭ＆Ａを検討する必要が高い日本企業は非常に多いのではないだろうか。

前述のアプローチに類似したものとして、より黎明期にある市場での足掛かりの構築を目指すM＆Aも考えられる。例えば、自社の既存事業での事業モデルの転換が差し迫っている場合はどうか。SaaS（ソフトウェア・アズ・ア・サービス）モデルの台頭によって、これまでの製品売り切りから、クラウド上でサブスクリプション（定期的に想定の料金を支払うことで商品やサービスを利用できるビジネスモデル）をベースとした事業に置き換わる業界は数多く出てきている（売り切りでダウンロード型の提供をしていたOffice製品をクラウド経由で提供し、サブスクリプション型の課金方式へと転換したマイクロソフト社など）。このような業界動向に対応するためにM＆Aを行う場合は、自社の既存領域に極めて近い領域であっても、いくつか困難な点がある。新興企業が多く出てきている段階で、自社が事業転換の波にのまれる前に動くのはよいが、その段階では「勝ち馬」となる企業の見極めが難しい。更に、高成長の市場セグメントや事業モデルである場合は、マルチプルも高くなり、自社の利益率が短期的には希釈される、あるいは利益の出ていない企業を買収する可能性すらある。

このように、M＆Aのブループリントは、自社のポートフォリオ戦略や自社事業の置かれているトレンドによって大きく影響される。企業戦略から直接導かれるので当然ではあるが、Ｍ＆Ａの必要性や金額感、難易度を明確にしていくことは非常に重要である。

Ｍ＆Ａの規模感についても、いくつかの側面から考えることができる。一つは、企業価値の観点で、戦略実現の際に期待される時価総額から逆算して、自前で達成できる価値向上との差分を企業買収によって達成するケースである。敢えて投資家目線に立って企業価値の側面から自社の自前成長での到達可能点とＭ＆Ａを伴ったフルポテンシャルを見るアプローチは、自社の戦略に新たな視点をもたらすことが多く、日本企業でも広がってきていると感じる。

自社のＭ＆Ａ資金の面からの検討もまた重要なアプローチである。自社の現在の余剰現金、今後のキャッシュフロー、借入キャパシティーから、今後数年でＭ＆Ａに充てられる金額の規模感を推計することもよく見られる方法である。この推計には、既存事業の自前成長に充てる資金についても、ＲＯＩＣなど投資対効果の観点から並行して検討することが必要となる。

更に、Ｍ＆Ａのテーマを後述のように具体化する中で、およそターゲット候補の規模感やマルチプルから、対象企業の買収価格の桁感も推計できることが多い。これらの観点を互いに照合・統合することで、Ｍ＆Ａ戦略における投資の規模感について一貫性のある視点を持つことができるはずである。

コラム：「M&Aの距離感」とリスク

前述のとおり、M&Aの主な目的として、「新規領域への進出」がある。自社で新規事業を育てることを加速したり、あるいは自社にとって全く新規の領域に足掛かりを作ったりできるという想定は多い。M&Aで「時間を買う」という表現もよく耳にする。

一方で、新規領域での買収に伴うリスクについても認識することが重要である。グローバルでM&Aを行った企業が既存事業とどの程度の距離の買収を行ったかと、その後の株主リターンとの関係を調査した。すると、既存であるがコアではない事業領域を強化するM&Aが最も価値創造しやすい、という結果となった。一方で、既存の事業がない隣接領域や全くの異業種と自社との距離が遠ざかるにつれて、リターンは低くなる傾向が見られた。

つまり、自社がすでに事業を行っている領域を強化する「ボルトオン」のような形態が、最もローリスク・ハイリターンな方向性であることを示している。

図表15　M&Aの既存事業との距離感

中核事業以外でも、かけ離れ過ぎていない他業種も検討することが望ましい

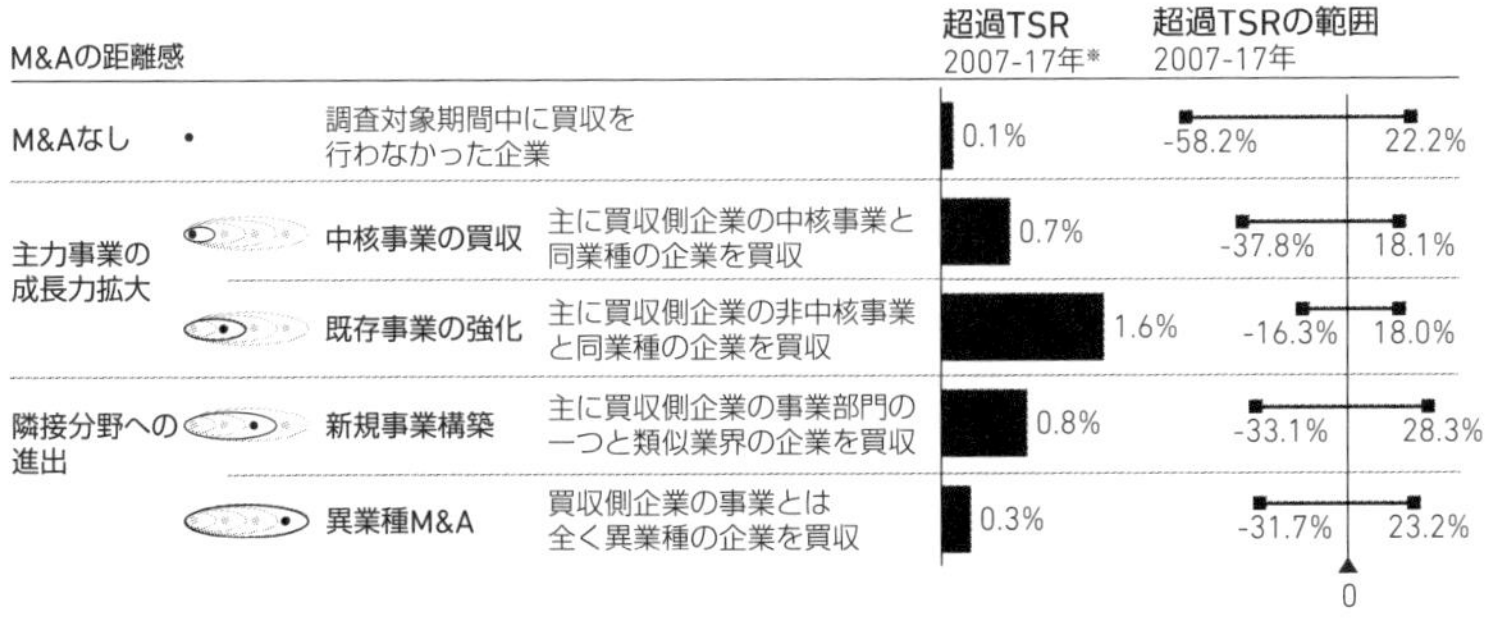

M&Aの距離感			超過TSR 2007-17年※	超過TSRの範囲 2007-17年
M&Aなし		調査対象期間中に買収を行わなかった企業	0.1%	-58.2%　22.2%
主力事業の成長力拡大	中核事業の買収	主に買収側企業の中核事業と同業種の企業を買収	0.7%	-37.8%　18.1%
	既存事業の強化	主に買収側企業の非中核事業と同業種の企業を買収	1.6%	-16.3%　18.0%
隣接分野への進出	新規事業構築	主に買収側企業の事業部門の一つと類似業界の企業を買収	0.8%	-33.1%　28.3%
	異業種M&A	買収側企業の事業とは全く異業種の企業を買収	0.3%	-31.7%　23.2%

※N=902
出所：マッキンゼー分析

これは直感的にも理解できることではないだろうか。自社の馴染みのない領域では、「売上を買う」ことができたとしても、更なるシナジーを生むことや、買収先の事業に対して適切にガバナンスを行い成長させることは格段に難しいと考えられる。

ただ、既存事業がない領域でのM&Aを全く検討すべきではないか、というと、そうとも限らない。M&Aテーマを検討するにあたり、ある程度の新規領域を候補に入れ、自社がベストオーナーとなれる可能性を含めて戦略的な検討をすることは有用であると考える。実際に、隣接領域での新規事業構築のためのM&A

でも、自社が活用できる資産やケイパビリティがあれば、価値創造が可能となり成功させることができる。しかし、例えば自社での研究開発などを行って得られた成果について事業化の可能性を常に検討し、小規模でも事業として運営し始めることは、新規事業においてM&Aを「既存領域との近接領域化」して成功確率を上げることに繋がるはずである。自社の土地勘のある領域から離れると、価値創造は実際に難しくなる傾向にあることは十分に留意しながらも、新規領域を経営判断・自社努力によって近接化し、M&Aの成功確率を高めることは可能なのである。

M&Aテーマ：自主的なM&A創出の鍵

M&Aテーマの設定は、自社にとって正しい投資対象の企業や事業を特定し、自主的にターゲット企業を選定していく際に最も重要な事項の一つである。しかし、日本企業の経営陣と数多くM&Aのプロジェクトや討議を行ってきた経験から、この段階で多くの経営陣が苦労しているのを実感する。自社の強みや機能を活かすことができる投資仮説に基づき対象領域を具体的に絞り込むことがM&Aブループリントの理想

図表16　M&Aテーマの構成要素

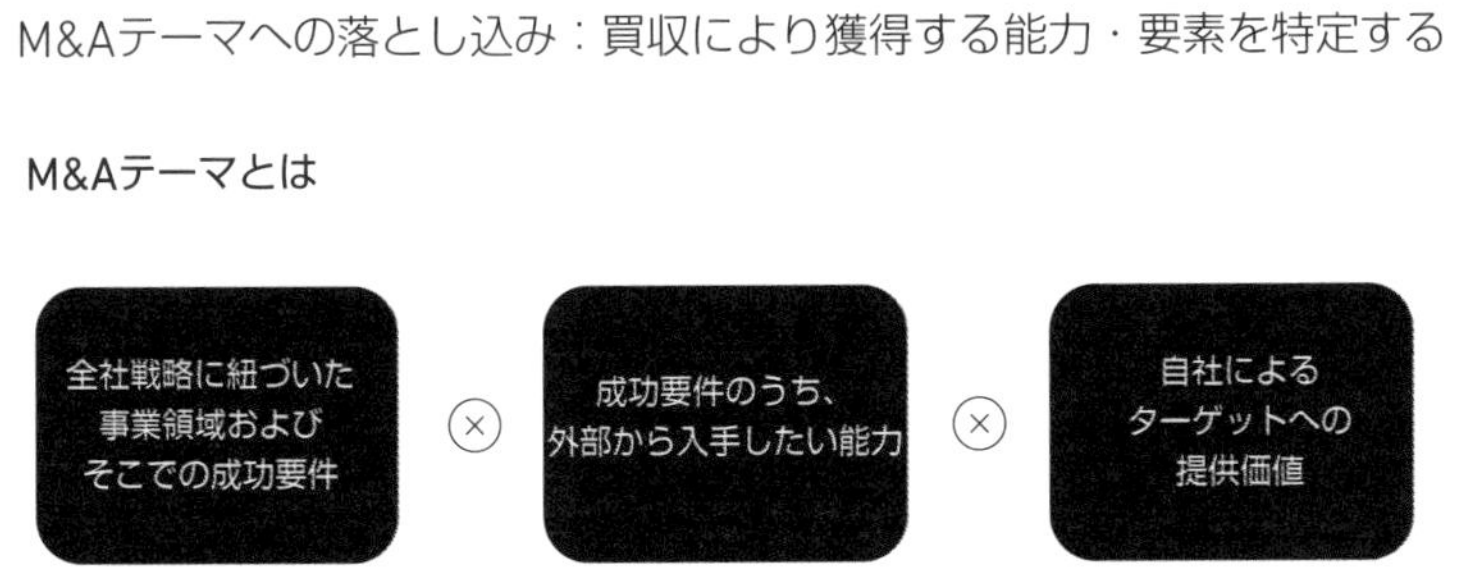
M&Aテーマへの落とし込み：買収により獲得する能力・要素を特定する
M&Aテーマとは
全社戦略に紐づいた事業領域およびそこでの成功要件
×
成功要件のうち、外部から入手したい能力
×
自社によるターゲットへの提供価値

像である。しかし、これが「言うはやすし行うは難し」であり、多くの経営陣が適切な粒度でのテーマ設定に苦心している。

M&Aテーマ設定に含まれるべき要素は、以下のものである。

事業領域や事業モデルおよびそこでの成功要件：自社のM&A戦略・ブループリントによってターゲットとすべき事業領域や事業モデルはおおよそ規定されることになる。その中で、更に具体的に、市場の中のどういったセグメントか、またどのようなビジネスモデルかなど、可能な限り具体的に絞ることが重要なのである。例えば、「東南アジアの成長市場における広告と人材全般」と定める場合、具体的ではあるがまだ広いとも言える。その中でも、「マッチングを軸としたプラットフォーム事業」と注力する事業モデルを定めると、より具体的に対象企業を絞ることができる。ある

図表17　投資テーマに伴うリスクの程度

新規領域でのM&Aの精度向上には、投資対象領域における知見の向上が肝

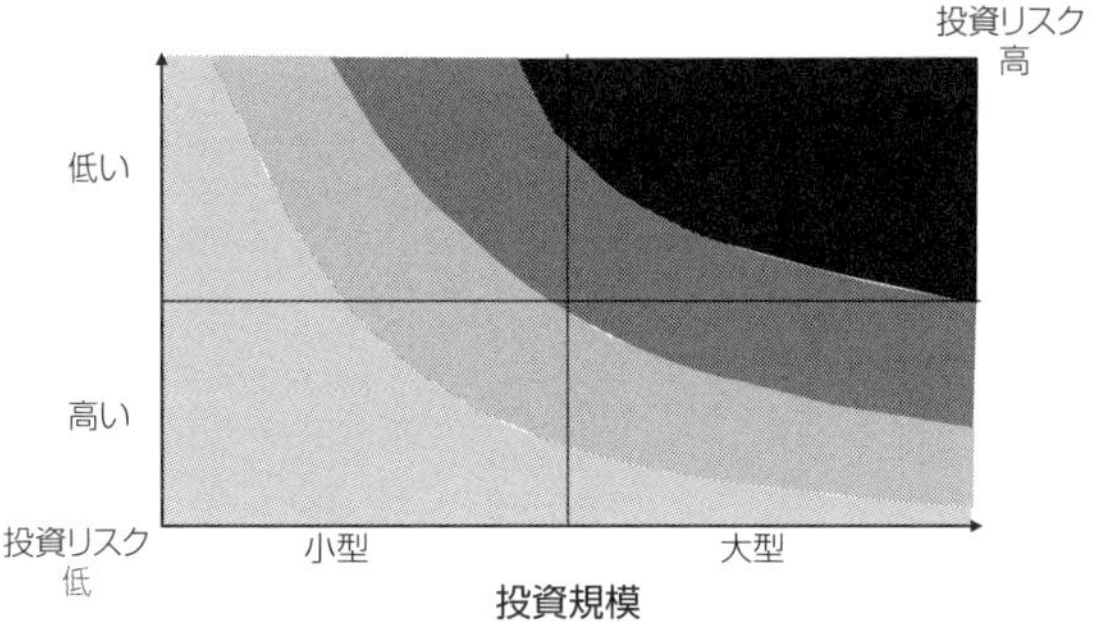

いは、「車載のセンサー系の事業」の中でも、特に「EVのトレンドに乗るXXのようなデバイスのタイプ」まで絞れるとよい。

もう一つ大事なポイントは、この事業領域の特定と同時に、そこで自社としてどのような「勝ち筋」を達成するかを具体化することである。単にある事業領域に参入するだけでは不十分で、そこで競合と戦って自社の立ち位置を築けるような勝ち方（英語ではRight to Winと呼んだりする）を特定する。そのためには、その事業領域における成功要件を理解することが重要である。特に自社にとっては馴染みの薄い新規領域（新事業領域、新地域等）でのM&Aの精度向上には、投資対象領域に知見のある有識者へのヒアリング（場合によっては業務委託契約や採用などを行うケースもある）や共同投資パー

トナーとの提携なども柔軟に検討すべきである。

外部から入手したい能力：M&Aの対象となる企業や事業に主に期待する能力は何か。これは前述の「勝ち筋」を構築するための必要条件のうち自社に欠けているケイパビリティそのものである。最終的に、「望ましいターゲット候補」とそうでない対象を選別する最も重要な項目となるので、この能力の具体化の程度はとりわけその後の実行に向けたアクションの精度に直結する（例えば、顧客基盤や顧客データなど。あるいは特定の知的財産など）。

この「能力」の考え方は様々で、検討している事業によって大きく異なる。例えば、既に大きな安定市場において強いポジションを確立したい際には、既に持っている市場のシェアや利益率が分かりやすい指標となる。更に、その市場ポジションを可能にしている競合優位性の源泉を見ることがポイントとなる。技術的な強みか、顧客との関係性か、販売・サービスの組織と実行力なのか、など、自社が強化したいポイントと対象企業の強みが合っているかを見ることになる。

一方で、新興市場だと見方が少々変わってくる可能性がある。黎明期の市場で「勝ち馬」を見抜くような目利きが必要となる。例えば、外部的な指標だと、直近の顧客や売上基盤の成長率やベンチャーキャピタルからのファンディングの実績と経緯（運転資金見合いでの救済投資なのか、成長のための投資なのか、など）も参考になる。加えて、その領域の今後の勝ちパターンを考える。ソフトウェアなどのプロダクト力やそれを支えるエンジニア人材が重要なのか、それとも大きな顧客へのアクセスと獲得実績を重視すべきなのか、あるいは今後の規制環境の理解のための政府や公的機関との関係性を重視すべきなのか。または、今後の事業モデルの分岐に対して仮説を持って投資実行していくのか（例えば自前のクローズドなエコシステム型かオープンソース型が今後の業界における主流になるか、など）。

自社による提供価値：自社にある強みをどう活かし、対象企業とのシナジーを作っていくのか。ほとんどの場合は、自社の提供価値は、単なる「投資する資金力」ではないはずである。自社の事業と同業の場合は、具体的なシナジーに直結する。近接領域である場合も、自社が持っている資産や能力を活用することで対象会社が単独で事業を継続するよりも何らかのアドバンテージを与えられるか、真剣に検討すべきである。

この要素は抜けがちであるが、その後のアウトリーチからのディール成約までの道のりを考えると軽視すべきではない。対象会社が自社をベストオーナー候補として交渉を優先的に実施すべき理由が本来はここに宿るはずである。また、具体的にシナジーを検討する際の出発点ともなり、ディールで払えるプレミアムや取っているリスクの性質を知る上でも重要な情報となる。ひいては、PMIやガバナンスの大まかな方向性もここから導かれる部分がある。

これらの3要素が揃ってはじめて、「M&Aテーマ」が明確に定まったと言えよう。よいM&Aテーマを定める上での重要な論点の一つが、どのような粒度で特定すべきかという点である。自動車業界、半導体業界、など業界の粒度だけで定めているケースも散見されるが、これではまだ粒度が粗いといえよう。業界の特定に留まらず、同業界であってもそのテーマに照らしたときにターゲット企業の選定条件を具体的に挙げることが可能なほどに、M&Aによる価値創造の仮説が明確になっていてはじめてM&Aテーマと呼べるのである（例：XX業界におけるXXというトレンドや需要と取り込む投資、規模の経済の原理でコスト効率化を実現する投資、新規領域・地域に踏み出すための投資など）。また、M&Aテーマの具体化にあたっては、バリューチェーンで分解した際の成長領域・トレンドであったり、利益・差別化の源泉がどこにあるのかの分析を行うことが有効である。こうした仮説設定や分析を通じてM&Aテーマを設定することが非常に重要である。

よいM&Aテーマを設定するために、粒度に加えてもう一つ重要な観点が自社の持っているケイパビリティの精度の高い特定と言語化である。自社の強みは何で、足りないものは何かを、当該領域で勝つための要件と照らし合わせて評価するのである。こうした問いに対して、自社内に足りないケイパビリティとして特定されるものがM&Aで獲得すべきケイパビリティであり、M&Aテーマの核となるのである。そして自社にある能力は、ターゲット企業に提供できる価値として、価値創造・シナジーの初期仮説になる。

前述の粒度を踏まえると、自社にとって馴染みのない領域でのM&Aテーマ設定が非常に難しいのも納得できる。新規領域での知見がないが故に、勝ち筋が分かりにくい、かつ自社が適用できる強みも乏しい可能性が高いためである。

コラム：投資テーマ策定と魚群探索の行き来

ロジカルに投資テーマを追求していくことは重要であるが机上の空論にならないためにもその投資テーマに合致する魚群がいるかは常に意識すべきである。

投資テーマを策定していくときには当該投資領域の市場規模や将来成長率、競合環境や技術・規制リスク、顧客のニーズなどの外的要因分析や、自社の戦略や強みとの親和性、シナジーの可能性など内的要因分析を組み合わせたエクササイズを行う。客観的なデータや事実を積み重ねてどのような領域を攻めていくべきか?の絞り込みを行っていくわけであるが、そのときに忘れてはならないのが、〝魚群はあるのか?〟という視点である。〝魚群〟がないというのは、例えば既に当該領域の企業のバリュエーションが高くなってしまっていて、自社の投資基準や予算に見合う現実的な対象企業候補がないことを指す。いくら論理的に正しい投資テーマを設定しても、そこに投資対象の〝魚群〟がなければ机上の空論のエクササイズに終わってしまう。投資テーマの輪郭(対象市場、対象顧客、提供付加価値、ビジネスモデル、投資後の価値創造の仮説など)がある程度見えてきたら当該投資テーマに合致するような対象会社が存在するのか、という調査をするべきである。この段階では個社のDDレベルでの調査は必要ないが、どのくらいのサイズ感(売上規模、利益率、企業価値)の会社がどの程度の数あるのか、いわゆる〝魚群〟の探索が必要である。この〝魚群〟探索を行う過程で、投資テーマに対しての意味合いが出ることも往々にしてある。あるクライアントとのプロジェクトでは、こうした魚群探索の中で面白そうな潜在的な投資対象会社の中身を見てみると、先進的なビジネスモデルであったり、今まで投資テーマ策定のプロセスでは見えてこなかったインサイトが出てきた。一例として、もともと利益率が高くないと思っていた製造業の周辺に位置するメンテナンス事業の利益率が高いことが判明した、といった発見である。そのインサイトを活用して投資テーマに修正を加えることで投資テーマがよりよいものに進化した事例があった。〃投資テーマ策定と魚群探索の行き来〃を回していくことがプロジェクト成功の鍵であった。

企業によっては、複数のM&Aテーマの候補があり、絞り込む必要がある場合もある。M&Aに投じることのできる資金も有限であるが、更に、M&Aテーマを実際に推進して案件創出するのも人的リソースや経営リソースを要するので、自社で対応できるテーマの数にも限度がある。その中で、優先的に取り組むテーマを絞り込まないと、いずれも構想だけで具体的な案件がないまま終わるリスクがある。あるいは、いざ案件が出てきても、経営陣が適切な意思決定ができず、場当たり的に判断したり「早い者勝ち」になって優先度の低い領域に貴重なM&A資源を投入してしまったり、といった落とし穴があるためあらかじめ優先するテーマをいくつかに絞るべきである。例えば、テーマの候補を、「M&Aと企業戦略の適合性」と「実際にディール対

図表18　M&Aテーマの中での優先順位付け

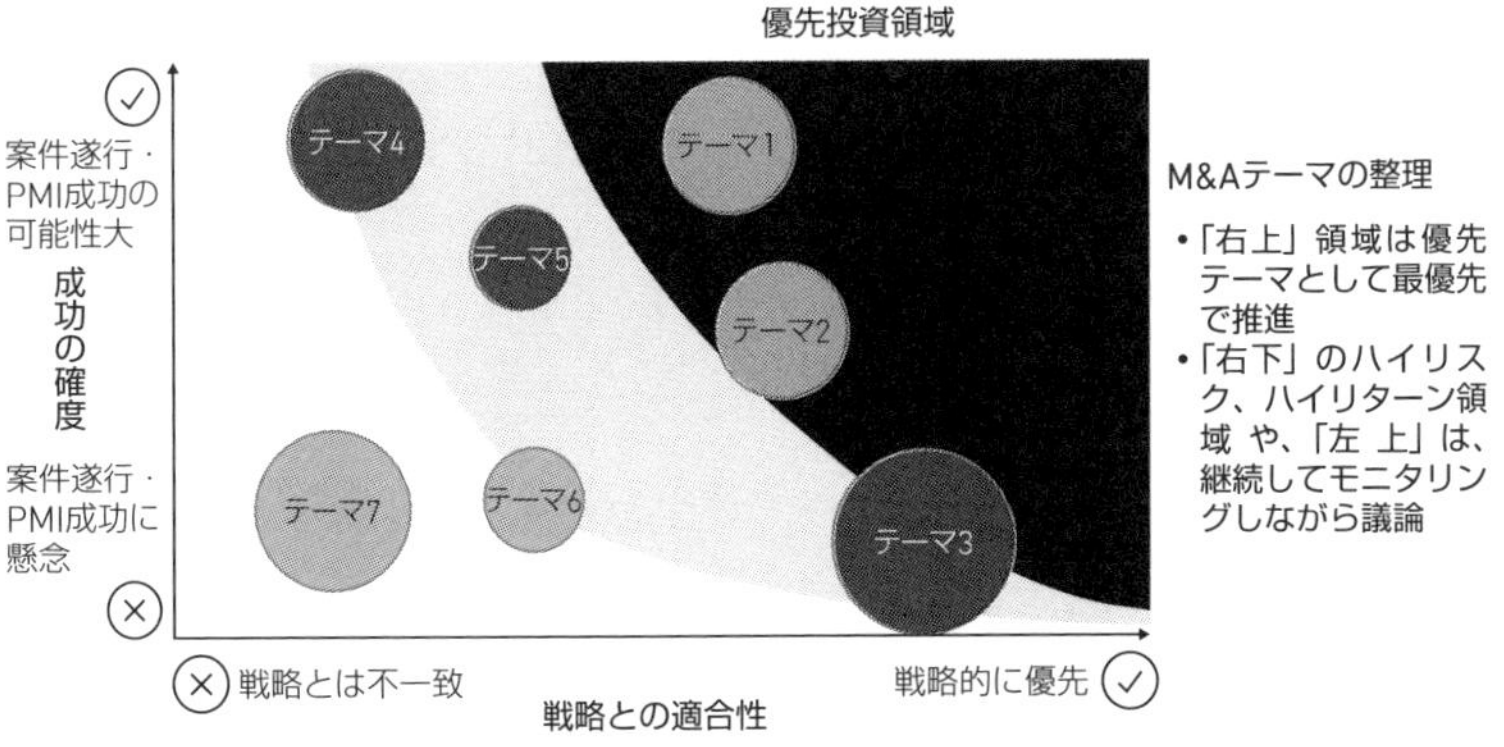

*円の大きさは投資額の目安

象が存在して価値創造ができる見込み」で評価することにより、M&Aの必要性と実現性の両観点から優先すべきテーマを絞り込むことができる。このように、M&Aテーマ自体を明確化することで、その中での優先順位や投入リソースについても、経営陣として明確な判断が可能となるのである。

M&Aテーマの性質によって、対象企業の情報収集と絞り込み、アウトリーチのやり方やそこにかかる労力も大きく異なる。ターゲットの個別企業についても、入手できる情報に限りがあり、実際にどこに勝ち筋があるのか、どのようなケイパビリティを持っているかの確証を得ることは難しい。特に新規領域や新興市場ではデータが世の中に包括的に存在していないことが多く、その難易度はかなり高くなるケースが多い。よって、初期段階での情報収集・外部活用含む有識者との議論、またアウトリーチを通した直接対話からのターゲット候補の理解が成功の鍵となる。

コラム：投資テーマの優先順位付けと活動の加速

あるクライアントとM&Aの投資領域を検討していた際のこと。総花的な投資テーマを持ち続けることでリソースが分散していた。ワーキングレベルでは各事業部が、世界中でソーシングやアウトリーチ活動を大きな戦略がない状態で行っていたため、各個人の想いや声の大きさに引っ張られて投資テーマの優先順位や個社DDの優先順位が決まっていた。我々が入ることで今一度、立ち止まって客観的な市場規模／成長率／競合環境や自社の強みの棚卸しや言語化を行っていく中で〃やるべきこと〃もそうであるが、〃やらないこと〃を決めていくことで戦略的なリソース配分が行われることとなった。その結果、世の中ではバリュエーションが高く、多くの投資が集まっているが、自社の近接領域ではない、〃やるべきではない案件〃については、どのような前提で優先度が下がるのか、また、前提の中で何が変わったら候補になり得るか、が明確になった。更に、〝やるべき案件〟については、経営陣間の合意の下、適切な順序で適切なリソースが投下されて、案件の検討が次々と進んでいった。

こうした〝やらないこと〟を決めることは戦略的に非常に重要な意思決定となるが、それまでにかかった労力や個人の想いなどを勘案すると、結論としてなにを〝やるか〟、〝やらないか〟を決めることも大事だが、決め方（プロセス）に相当程度気を遣う必要がある。我々が支援する場合は客観的なデータや事実をベースに議論が進むように、あくまで中立的な立場で〝行司役〟に徹することを意識している。但し、最終的に案件推進は〝個人的な思い入れ〟や〝やり切るコミットメント〟が成否を左右することがあることも忘れてはならない事実であるので、そのバランスを議論の中で取っていくことが求められる。M＆A、投資テーマ、というとロジカル・左脳的なアクティビティという印象を持つが、実は当事者と関係者が泥臭く議論していく中で腹落ち感を醸成していくものであるという側面も忘れてはならない。

M&A戦略に基づいたディールソーシングの推進

優先ターゲットのソーシングとモニタリング

さて、M&Aのテーマ設定が決まったら、いよいよターゲット企業のソーシングとアウトリーチである。買収対象企業を絞り込む上で、極めて重要だが忘れられがちなのが、適切な対象に働きかけるためのアウトリーチ戦略の策定と実行である。M&Aは相手がいる話なので、ターゲットとなる企業にいかに自社との提携に乗り気になってもらうかが、M&A実現の成否に関わってくる。ソーシングの段階では、M&Aテーマに整合する企業（複数事業を持つ企業の中の特定事業を含む）からディール候補を網羅するリスト（ロングリスト）を作成し、優先的にアプローチすべき企業を絞り込み（ショートリスト）、迅速に働きかける（アウトリーチ）。更に、このサイクルを通じて、対象候補のリストと優先順位そのものを更新していくのである。

M&Aは出合い・縁とも言えるだろうが、運命に任せた全く偶然の出合いを待っていたのでは、巡り合う確率や成功確率が極めて低いのは明らかである。ソーシングとアウトリーチを実行する精度とスピードが、自ら出合いの機会を創出し、戦略に紐づく M&A 案件を実施できるかを大きく左右することになる。ましてや、プログラマティックに複数の M&A を積み重ねて企業価値を継続的に向上していくためには、必要不可欠な組織スキルとなる。

優先ターゲットの絞り込みを行うには、外部情報に基づいて事前調査を行い、ロングリストの企業群から優先的にアプローチすべきショートリストの企業を選択する。ロングリストのショートリスト化にあたっては、ターゲット候補の市場における位置付け（市場セグメント、市場シェア、成長率など）やディールの実現性（ターゲットの株主構成、自社とのシナジー、買収価格のレベル感など）を考慮していくのが一般的である。この際、M&A テーマに合致していないか M&A の実行が見込めない（ディールの実現性が低い）企業を検討対象から外していく。更に、優先候補については、プロフィールを作成し、大まかな企業価値評価、自社の提供価値の特定やシナジー効果の大まかな見積もり、人材／組織に関する知見の獲得も進めていく。

こうして継続的に市場およびプレイヤーをモニタリングし、対象企業の評価を体系的に進めることが必要である。デスクリサーチで収集できる情報については、M&A 部隊のリサーチ活動や事業部の知見を活用し、一定程度の情報収集や分析が可能である。しかし多くの場合は、それよりも一歩二歩深い業界の知見や、企業どうしの位置付けを把握してはじめて、ロングリストからショートリストに絞り込むことができる。

このステップをより効果的に行うためには、例えば業界の専門家を一時的にアドバイザーとして登用し、業界内の評判などデスクリサーチでは得られないインサイトを得るのも一つの手である。特に自社がその業界の主要プレイヤーでない場合は、例えば業界における「重鎮・第一人者」を顧問として登用することを試みる（先述の有識者の活用の一例）。その人物の業界コネクションや知見を獲得し、場合によっては対象会社の経営層や株主の理解や直接のコンタクトにも活用できる可能性もある。

また、エキスパート・ネットワークの会社を通して、当該領域の専門家と時間単位での意見交換を行うのも非常に有効である。あるいは、自ら業界のカンファレンスなどに出向き、直接ターゲット候補の幹部と面会することも有効である。

もちろん投資銀行などのアドバイザーの活用も積極的に行うのがよい。投資銀行と協業することにより、効率的に対象領域の企業リストを確認し、自社によるモニタリングの抜け漏れを確認することができる。加えて、M&Aの実現可能性についての知見を活用し、競売の可能性や実施について可能な限り早いタイミングで通知してもらうことも依頼するのがよいだろう。他にも、ターゲット企業の業界やネットワーク、ひいてはターゲット企業についての知識のある金融機関との協業では、アウトリーチやディール交渉の段階に至るまでのメリットを享受できる可能性もある。

ここでありがちな間違いの一つが、銀行や投資銀行にソーシングを「丸投げ」に近い形で依頼してしまうことである。多くの企業がここで投資銀行に大まかな選定基準で、それこそ「〇〇業界の企業一覧」からアクショナブルなリストや具体的なターゲットの提示を一任しているのを見てきている。ディールの実現性はもちろん重要な要素ではあるが、売りに出ている企業を出発点として、本来の投資命題との一致を犠牲にして動くことには十分に注意すべきである。戦略やM＆Aテーマとの一致を見失うと、間違った買い物をしてしまうリスクは格段に上がってしまうのである。より具体的に「XXXといったスキルを持った企業」や「XXXなことを考えているXXX領域での企業」を一緒に探索していってほしい、といったアプローチを採ることで、より効果的に動いてもらうことができる。あくまで「丸投げ」ではなく「協働」して、外部アドバイザーを有効活用しながらソーシングをすることが肝心である。

積極的なアウトリーチの一環で、金融機関に紹介を依頼するのはむしろ奨励したい。しかし、どこにアウトリーチしたいかを決めてロングリストからショートリストに絞り込むのは、自社のM＆Aチームや事業部がしっかりと汗をかいて検討を重ねるべきステップであるということを強調したい。自ら主体的にターゲットの絞り込みを行うことで、せっかく定めたM＆A戦略やM＆Aテーマに魂を込め、具体的なターゲットのショートリストの特定が行えるのである。ここでショートリスト化を進めるにあたって、1つ重要な考え方がある。それはソーシングは「絞り込み」発想よりも、条件にあった企業の「優先順位付け」である、ということである。一旦優先順位を下げたターゲット企業も、時間が経てば事業内容の変化や制約条件の緩和の可能性がある。何年も前に見送った企業が時間を経て案件成約に至った例も数多く存在する。ショートリストに漏れた企業もストックしておき、適切なきっかけがあればショートリストに加えられるようにしておくことが重要である。このような活動を推進する組織体制については後述する。

自主的かつ効果的なアウトリーチ

優先度の高いターゲット企業が特定できたら、迅速に直接のコンタクトを取ってアウトリーチを仕掛けていく。いよいよ、対象企業との直接の対話の開始である。この際に自社内で重要なのは、経営陣間で統合・提携についてのビジョンやビジネスケースを共有し、ディールの価値創造を担保するために譲歩できないポイントをあらかじめ明らかにしておくことである。そして対象企業に対して最重要なポイントは、相手に合わせてアプローチを変え、それぞれが統合により得られるメリットを強調することである。つまり、あくまでメッセージは相手目線で語るのである。

まず紹介のミーティングでよくある立て付けのイメージを紹介する。目的として、対象会社と自社の間の協業が有益な可能性があると合意し、2回目以降の議論の場を設けることを念頭に置く。いきなり買収の提案をする必要はないことに留意したい。

アウトリーチには、資料として「ピッチパック（自社がターゲット会社に対する協業への想いを込めた手紙のようなもの）」を作成していく。この中身が肝心である。よくある失敗事例として、こちらの伝えたいことだけを伝えてしまい、ターゲットからの共感を得られない、というものがあるが、ファーストコンタクト（初回ミーティング）で特に重要なのはメッセージは相手目線で、相手に魅力的な価値と両社共通の前向きなアクションの動機付けを強調することである。

具体例を紹介する。事前準備として、対象会社のペイン（お困りごと）や自社との協業を通じて実現できる事業機会などの仮説を構築する。ペインとは、いま対象会社が自らの事業成長について、ボトルネックである、不足していて困っている、というものである。例えばそれが地域や顧客カバレッジであったり、特定業界の知見であったり、技術要素だったり、様々なものが考えられる。そして、自社が提供できる資産や知見がまさに対象会社には足りていないものであり、彼らの課題を解決しうる魅力的なものであると理解してもらうのである。こうして、自社との協業によって期待される事業の将来ビジョンや期待成果を、なるべく明確に、分かりやすく見せて相手の期待感を醸成したい。

ピッチパックを作成していく上で重要な設計思想は、ターゲットに響くようにカスタマイズされていることである。通り一遍の「会社紹介」や、独りよがりの自己ＰＲでは相手にされないリスクが大きいのである。自社の戦略的方向性と目指す姿を明確に示した上で、なぜ相手が自社の戦略にフィットし得るかを具体的にアピールする。そして、自社による相手との価値創造の仮説をぶつけていくことでＭ＆Ａの合理性を相手先に理解してもらうことに注力すべきである。

ここで、相手とのミーティングにおいて有効な点をいくつか述べたい。例えば、初回ミーティング時に早くも買収の話になったときのために、対象会社の適性評価額および最大買収金額を社内で事前におよそ合意しておくのがよい。相手が試してくる可能性もあり、いくら払えるのか聞かれて全く答えられなかったり、相手の認識と大きく違うようではチャンスを逃してしまう恐れがある。また、事前に対象会社のおかれている状況（例：資金需要）や経営陣の人柄（例：過去の経験、好みの討議スタイル）

図表19　ピッチパックの構成要素の例

- 自社の紹介: 基本データ、ミッション・理念等
- 自社の戦略的方向性と目指す姿
- なぜ相手が自社の戦略にフィットし得るか、具体的アピール
- 自社による相手との価値創造の仮説
- 過去のM&A実績（過去の買収の成功例や、買収先の経営陣のキャリアアップ事例等）

などを可能な限り調査しておくことも重要である。更には、対象会社の株主形態およびその傾向と対策についても理解しておくとよい。例えばスタートアップの創業者が大株主の場合、自ら事業を起こし、成功させているため、基本的には売却は想定していない場合もある。あるいはＶＣやＰＥの傘下にあり、彼らが想定するエグジット計画を想定すべき場合もある。オーナーが事業会社の場合も、上場企業なのか、あるいはカーブアウトした一事業なのか。カーブアウトの場合はその事業の位置付けを理解し、売却の可能性やトリガーとなる事象などを想定しておく。このように、オーナーごとに売却についての考え方に傾向の差があることにも留意して、個別のターゲットに対してのメッセージを準備しておきたい。

このプロセスではとにかく粘り強さがディール成功の鍵の一つである。いいレターを書いても、１回

目から順調に交渉が進むことは稀である。一度ダメでも何度もアプローチすることが重要である。ある日系企業ではなかなかアポが取れず、玄関先で待ち伏せをして訪問し、実際の買収へと繋げた例や、15年かけてターゲットを口説き落として買収まで漕ぎつけた例などもある。ピッチには何度も何度も行くべきで、その過程で自社のM&Aチームの組織ケイパビリティ構築にも繋がっていくのである。

LOI（Letter of Intent）の提出

アウトリーチを起点にターゲット候補との議論が前に進んできたら、本格的なDDに進む前のステップとしてLOI（Letter of Intent）の提出というステップが存在する。これは法的拘束力を持たないもの（場合によっては法的拘束力を付与する場合もあるが、限定的なケースとなる）で、ターゲット候補に買収の意向を伝えるステップである。ターゲット候補会社とNDA（機密保持契約）を締結し、内部情報を受領、分析してLOIを提出し、両社で次のステップに進むことが合意できれば、DDが開始されるのが通例である。

法的拘束力を持たない書面ではあったとしても、いくつか留意すべき点が存在する。

・ＬＯＩ提出やＭＯＵ（Memorandum of Understanding：契約や条約、協定などが正式に締結される前段階の合意文書で〝覚書〟とも呼ばれる）締結が自社のレピュテーション上リスクになる可能性はあるか。あまりにも事前調査が疎かであることが明らかなＬＯＩやターゲット企業の期待値からかけ離れすぎている価格しか出せない場合は、ターゲット企業や売主側ＦＡ（フィナンシャル・アドバイザー）にとっては、考え方によっては不誠実にみられるリスクもあるので、ＬＯＩを出すこと自体の是非を吟味すべきである

・自社が最低限求めるリターン水準は期待できるのか。法的拘束力を持たないとはいえ、ターゲット企業との間でＬＯＩによって期待値がある程度定まってしまうため、注意が必要。想定されるディールの価格を一定の範囲を取って提出するなどの工夫を凝らすべきである

・改めて自社の成長戦略に合致しているのか、買収によって自社が求めているケイパビリティを獲得できそうなのかの再確認。ＤＤ前の限られた情報に基づいてでも再確認すべきである

実際のレターの書式などはケースバイケースでもある。自社にＬＯＩ提出の経験が不足している場合は、必要に応じてＦＡや法務専門家の助言を得ながら作成するのがよいだろう。留意すべきなのは、この時点で既に対象企業との交渉は実質的に開始しているということである。交渉の観点でも、ディール成立時の関係性の構築の観点でも、対象企業に自社のＭ＆Ａの経験値や組織能力が不足していると思われるのは望ましくない。故に、特に相手との接触が開始したのちは、全てのやり取りについて相手からの見え方を意識して臨むことが必要である。

M&A推進体制と組織能力構築の要諦

M&Aをプロジェクトではなく、企業に必要な組織能力として認識する

これまでの議論から、自社のＭ＆Ａで正しい案件を継続的に行うためのペースと確度を構築するために必要な様々な要素が見えてきたと思う。では、こうしたＭ＆Ａ戦略・ブループリント策定、テーマ設定からソーシング・アウトリーチまでをどのように組織的に行っていくべきか。Ｍ＆Ａや企業買収というと、乾坤一擲、会社にとってお祭り的な一大イベントというイメージが強いかもしれない。プロジェクトチームや

図表20　組織能力としてのM&A

M&Aをプロジェクトではなく、企業に必要な組織能力として構築していく

	M&Aは一過性のプロジェクト……	ではなく、企業の組織能力である
人材	一度きりのプロジェクトとしてメンバーをアサイン、終了後には「日常業務」に離散	業務としてM&Aが定義された専属グループの設置
戦略	戦略、事業開発、企業開発等で案件ごとに協業	事業側とコーポレートが一体となりM&Aテーマの選定と意思統一を定常的に行う
探索	ほとんどの案件は、外部からの持ち込み、もしくはその瞬間市場に出ているもの	優先テーマに基づいたターゲットリストがあり、積極的にアウトリーチを継続してパイプラインを推進
ガバナンス	案件ごとにその都度、評価基準や意思決定のやり方が変わる	意思決定者、選択基準が明確に定義され、案件ごとに適切な議論と判断を実施
形式化	M&A案件からの学びが個人の経験としてのみ存在	事後の振り返りとベストプラクティスから、定期的にツールやプレイブックを更新

タスクフォースが時限的に組成されて、一連のディールのプロセスを回していく、そして終了したら解散してそれぞれの「本来の日常業務」に戻る、という運用をしている企業がしばしば見られる。しかし、前述の通り、Ｍ＆Ａとは全社の戦略目標を達成するための手段である。よってそのプロセスを回すためには一過性のタスクフォースを組成するのではない。Ｍ＆Ａを組織の必須スキルとして継続的に整備、発展させておくべきものなのである。

企業の組織能力の中でも、特に人事制度やリソース投下に関する組織設計は必須である。

- **専任のM&Aチームを設置、ソーシングを積極的に行う：**専任のプロフェッショナルチームを設置し、ソーシング、特にターゲット候補への積極的なアウトリーチや自社ピッチの方法を確立する
- **ディール実行では、リソースを惜しまずに投下する：**ディールの重要な局面では外部アドバイザーも活用しながら、最大限かつ最適なリソースを惜しまず投入する
- **シナジーから統合への意味合いを早期に導出：**シナジーをどのように実現してディールから価値創造するのか、DD以前の段階から統合活動への意味合いを出し、ディール構成やPMI体制に反映
- **人材獲得のためには人事制度を柔軟に設計する：**ベストなM&A人材を維持するのは至難の業。業界水準と照らし合わせながら、魅力的なキャリアパス、パッケージを提示

プログラマティックにM&Aを行うことはもちろん、次に行う直近の1案件の成功に向けても、組織能力としてのM&Aを確立することは重要である。そのためにはM

＆Ａ体制や運用プロセスを最低限、整備する必要がある。逆に、体系的に１件を成功に導くことで、その経験が形式知となり、その後の案件の成功確率や実施スピードを向上させることができる。いかにしてこの大きな「Ｍ＆Ａエンジン」を自社の中に作り出し、好循環を回し始めるのか、体制とプロセスの面から次に提案したい。

M＆A推進体制の構築

最低限のＭ＆Ａ推進体制とは、どのようなチームや進め方を指すのか。非常に定義が難しく、企業の部署や事業構成、今後のＭ＆Ａの戦略や期待値によって大変広い幅があるものである。本書でも唯一の解としての体制案を提示することはしないが、一つ、多くの日本企業と議論する中で納得感の高かった体制や事例を紹介することにしたい。

Ｍ＆Ａディールチーム：コーポレートに所属することが多く、ディールのソーシングの実務を担う。ここにＭ＆Ａのテーマ設定およびパイプラインといった全社の戦略的な内容や、ピッチパックやＬＯＩを含めたディール関連の実務的な知見が蓄積していく。特にソーシング段階では、定常的にロングリスト企業の調査を進め、アウトリーチの進捗を回すことになる。あくまで目安であるが、約２～３名のフルタイムの実

図表21　M&A体制例

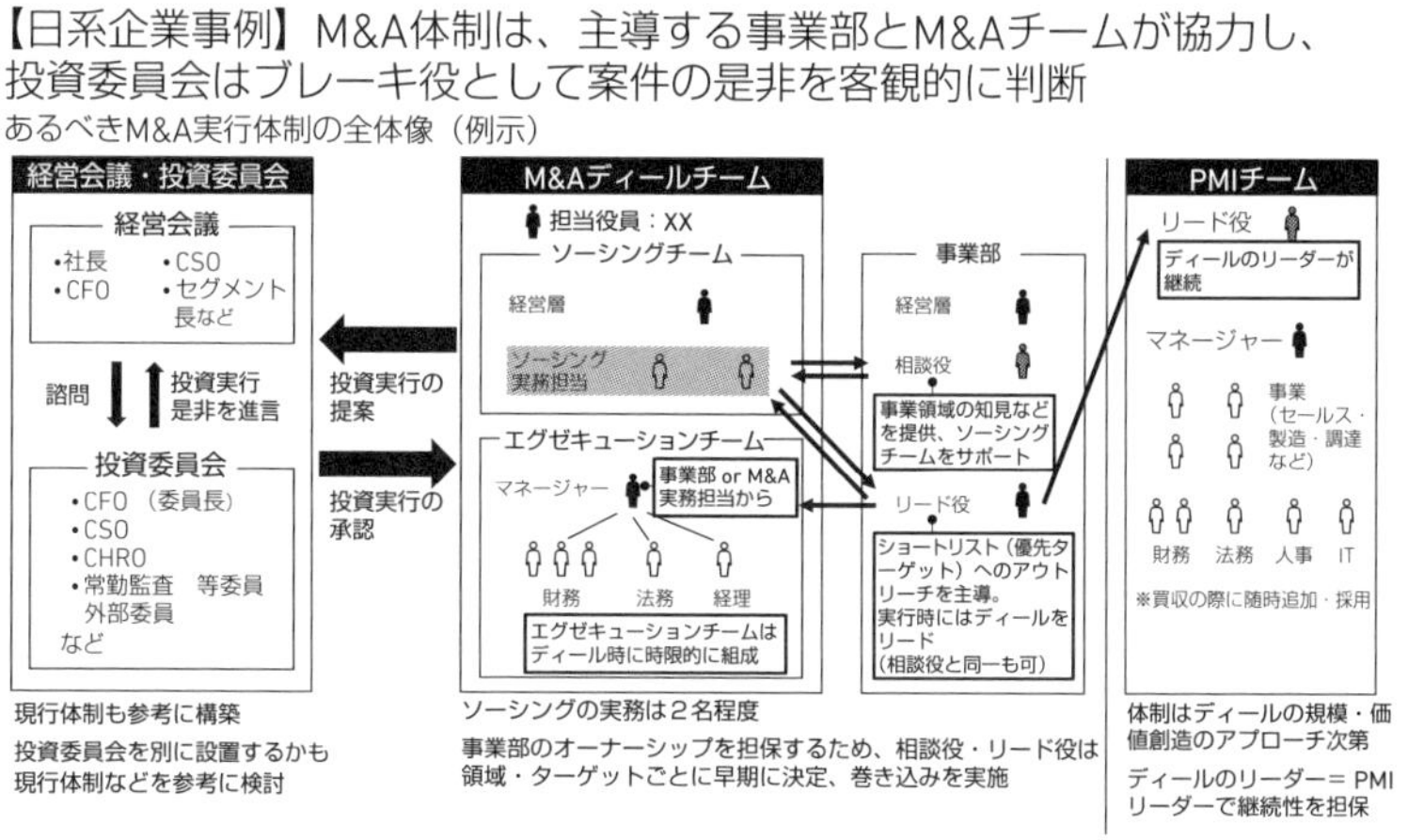

務担当の体制でも、年間で数十社規模のロングリストを処理し、年間1～数件についてはアウトリーチからDDまで進めることも無理ではないと考える。

エグゼキューション（ディール実行）チーム：このチームはM&Aの案件がDDステージまで進行した辺りから組成され、実際のディール推進の実務を担う。故に、経理、法務といったDDにおいて重要となる機能や、ディールのストラクチャーやファイナンシングを担う財務の機能がメンバーに入ることが想定される。

これらのM&Aチームの人材はどのように採用・登用すればよいか。この点もM&A経験のある人材の不足に悩む経営陣にとっては悩みの種である。これも一例ではあるが、参考までにいくつか考え方を示したい。ソーシングのリーダーやマネージャーは、企業戦略やM＆A戦略を実際のソーシング活動に落とし込む役割を担うため、M＆Aだけでなく戦略的な素養が求められる。一方でソーシングチームの実務メンバーは、市場や企業の調査やピッチパックのドラフト、経営陣への討議の準備などが主要業務となる。故に、ソーシングチームには、別の事業会社でM＆Aを指揮した経験のある人物や、経営コンサルティングファーム出身者といった戦略側のスキルを持った人材や、金融機関の投資銀行部などでM＆Aに土地勘のある人材がセットでいると心強いのではないか。

M＆Aチームの人材の登用や活用において重要な点をいくつか追加する。ソーシングチームがM＆Aのテクニカルな実務に寄りすぎて戦略的な要素が落ちないことである。テクニカルなノウハウはディール実行段階でエグゼキューションチームや、外部アドバイザーで担保していけばよい。もう一つ重要な点は、せっかく採用や登用した人材にやりがいを与え、離職を防ぐことである。M＆Aチームに入る人材は、ディールを経験してキャリアを積む意欲が高いと考えている。そこで戦略の議論や、戦略の実現手法としてのM＆Aの議論を経営陣と行う機会が稀であったり、意思決定が鈍いと感じたりすると、ここでは意味のあるM＆A経験は積めないと幻滅してしまい、離職に繋がるリスクが高くなる。このように、意思決定だけではなく人材の確保の面でも、経営陣がM&A推進に果たす役割は非常に大きくなる。

M&Aチームは事業部とどのように連携すればよいのか。特に他事業の企業でコーポレート（経営企画やリスク審査部門など）と事業部の間に距離がある場合、事業部との協力関係の構築はポイントの一つとなる。M&Aテーマが事業部と直結したり、隣接領域でもシナジー含めて連携すべき事業部が明らかな場合は、なるべく早期から当該事業部の知見強化と当事者意識を持たせることが重要である。逆に、コーポレートのM&A部隊が相手とのアウトリーチや初期交渉で前面に立ち過ぎ、買収後に関わる事業部の姿が全く見えないのは望ましいことではない。

より望ましいのは、事業部の中でも意思決定者に近い者やM&A対象領域の知見を持つ者が早期にチームに加わり、対象会社経営陣との議論をリードしていく体制である。そこに、コーポレートのディールチームが加わり、実務面で協業する。

コラム：ディール担当者がPMIまでコミット

あるメーカーでM&Aを検討していた際のこと。プロジェクトの推進を担っていたのは経営企画の方々で、ターゲット企業へのアウトリーチの段階にあった。当初は、「まだ初期段階だから事業部の巻き込みは最低限にして、経営企画の主導で交渉などはっていけばよい」と考えていた。

しかし、案件が達成すべき戦略的命題や、シナジーの獲得について我々と綿密な事前検討や協議を進める中で、考えが変わっていった。「この段階からPMIを越した検討をすべき。シナジーや事業価値の向上まで責任を持つべき事業部に、初期から入ってもらう必要がある」という認識が強まっていった。それは更に、体制面での発展にも繋がった。「事業部がオーナーとして買収後のシナジー実現を推進できるように、事業部側の役員をディールのリーダーに据えるべき。今後、案件実後のシナジー議論も想定されるので、事業部の役員の名前でレターの発出や交渉を行っていく」という体制を構築することに至った。

ともすれば経営企画の守備範囲と思われがちなM&Aの初期段階だが、実行からPMIまでどの段階を考えても、実際に買収対象のマネジメントに入るリーダー層や事業部がオーナーシップを持って取り組むことが成功確率を上げる、という論点がリアルタイムで理解を得られた事例である。

コラム：既存事業の重力からの脱却

新規領域の投資活動をどの部署で誰が主導するのかという問いは、我々が見ることの多いテーマのひとつである。新規領域と既存事業の投資が同じ組織や仕組みの中で運営されており、しばしば新規領域の活動が既存事業の活動に比べてないがしろにされてしまうという悩みを相談されることが多い。この際、組織を分け、新規事業投資に専念させることを仕組み化することが功を奏することがある。

あるクライアント企業では、既存事業を管掌する部隊が新規領域の投資テーマもソーシングしていたことで様々な非効率が発生している、という組織的な課題を抱えていた。既存事業を管掌する部隊が新規領域の投資を主管することは、顧客ネットワークの活用や、既存事業を起点としたシナジーの実現などのメリットもあり得る。一方、実務的には既存事業が緊急対応・現場対応に追われると新規領域への投資活動が後回しになってしまい、進捗が遅れるというデメリットがあった。更に、部署の単位で損益責任がある場合、既存事業の業績が悪化すると直近の損益改善のために新規領域の活動に充てるリソースを削減することもありがちである。

我々が支援した新規領域での投資のプロジェクトでは、新規領域の担当部隊を既存の組織から分離して新しい組織を組成した。ＫＰＩ（評価指標）も短期的な損益ではなく、新規領域における投資対象のパイプラインやターゲット候補とのピッチ会談の回数、ＮＤＡ締結まで至った企業数などに設定した。このように、組織の設計や運用方法の規定まで入り込み、新規領域の投資活動を推進する仕組みを構築した。

既存事業の持つ顧客などの能力を活用することは必要だが、新規領域の投資は注意深く推進体制やインセンティブを構築して、リソースの投下が劣後しないように工夫することは重要なポイントである。

M&Aソーシングの意思決定の仕組み化と加速化

買収案件では素早い意思決定が最重要な成功要件の一つである。もちろん、誤って実行すべきでない案件に突っ込んでいくことは避けなければならないし、Ｍ＆Ａにおいてそういった勇み足のリスクも多分にある。だからこそ、経営陣として、Ｍ＆Ａに

図表22　大型投資案件の討議プロセス事例

LOI前に対象会社の分析に基づき投資委員会で討議

▼NDAを締結し、内部情報を受領（アウトリーチ/精査とPre DD/案件起案の間）

	投資テーマ策定	モニタリング対象企業の選定	アウトリーチ/精査	Pre DD/案件起案	LOI提出判断	フルDD	投資判断
討議参加者	• 経営企画 • 各事業担当役員	• IC（投資委員会） • 経営企画	• 経営企画	• ICメンバー • 経営企画 • 事業責任者	**投資委員会決議** • ICメンバー（執行役員以上） • 経営企画 • 事業責任者	• 経営企画 • 事業責任者	**投資委員会最終判断** • ICメンバー（執行役員以上） • 経営企画 • 事業責任者
主要論点	• 領域ごとの勝ち筋は何か • 勝ち筋の実現に自社で足りない能力は何か	• どの企業が当該領域における勝ち筋を満たしているか • どの企業をどのような視点でモニタリングすべきか	• 自社提案に対する対象会社の反応はどうか • 想定価格など含め、買収可能性はどの程度か	• Pre DDの結果、投資に値するか • シナジーはあるか • 誰が事業責任者となるか • 評価額はいくらか	• 対象会社を買収すべきか • DD前にどのような初期条件を提示すべきか	• 対象会社の価格はいくらか • 対象会社買収における重大なリスクは何か	• リスクを踏まえたうえで、対象会社をいくらまでで買収すべきか • どのように交渉に臨むべきか

おける意思決定の仕組みをディールソーシングの前から整備し、いざ案件が出てきた際に、適切なレイヤーや会議体で、適切な条件のもと、迅速に判断できるようにするのである。

　M&A委員会やIC（投資委員会：Investment committee）を形成しておくのも一つの有効な考え方である。ICとは、ディールのGo／No Goや価格、契約条件、リスクなど包括的にディールに関する意思決定やアドバイスを行う社内機関である。経営会議からM&Aに関する意思決定の審議を委任されるケースなどがある。ポイントは、この委員会の役割を明確にしておくことである。一例では、ICは経営会議からM&Aに関する意思決定の諮問機

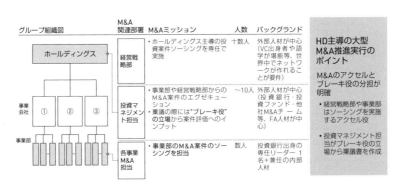

図表23　ハイペースでM&Aを行う企業の体制例

大規模にM&Aを活用する企業ではアクセル役とブレーキ役が明確
日系企業のM&A体制事例

グループ組織図

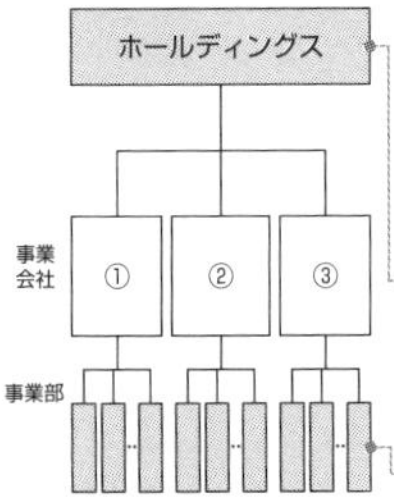

M&A関連部署	M&Aミッション	人数	バックグランド
経営戦略部	・ホールディングス主導の投資案件ソーシングを専任で実施	十数人	外部人材が中心（VC出身者や語学が堪能等、世界中でネットワークが作れることが要件）
投資マネジメント担当	・事業部や経営戦略部からのM&A案件のエグゼキューション ・稟議の際には“ブレーキ役”の立場から案件評価へのインプット	〜10人	外部人材が中心（投資銀行・投資ファンド・他社M&Aチーム等、FA人材が中心）
各事業M&A担当	・事業部のM&A案件のソーシングを担当	数人	投資銀行出身の専任リーダー1名＋兼任の内部人材

HD主導の大型M&A推進実行のポイント

M&Aのアクセルとブレーキ役の分担が明確

- 経営戦略部や事業部はソーシングを実施するアクセル役
- 投資マネジメント担当がブレーキ役の立場から稟議書を作成

関となっており、実質的に権限移譲されている。この委員会が、そもそも企業戦略、Ｍ＆Ａブループリント、そして個別のＭ＆Ａテーマを理解しており、その優先順位を含めて討議、承認を事前に行っていることが重要である。こうすることで、経営陣は、「どのようなテーマと条件のＭ＆Ａ案件が今後、ソーシング活動を通して上がってくるか」を見通すことができる。そして、個別案件についても、その戦略的な背景や成功要件が周知されているため、迅速かつ適切な議論と判断を行うことができるのである。

最後に、Ｍ＆Ａをかなりハイペースで実施している日系企業のＭ＆Ａ体制の事例を紹介する。この企業ではＭ＆Ａのアクセル役とブレーキ役の分担を明確にするために経営戦略部と投資マネジメント部に役割分担をさせてガバナンスを効かせている。

- 経営戦略部は外部人材が中心となり、専任でソーシングを実施するアクセル役として機能。人材はＶＣ出身者や語学が堪能等、世界中でネットワークが作れることが要件
- 投資マネジメント担当も外部人材が中心となるがプロファイルは異なり（投資銀行・投資ファンド・他社Ｍ＆Ａチーム等、ＦＡ人材が中心）、このチームはブレーキ役の立場から稟議書を作成

こうしてみると、この企業では外部人材の活用が鍵になってくることが分かる。こうしてアクセルとブレーキ両側面で外部プロフェッショナルを採用している同社では、エグゼキューションの段階（「ディール中」）においても、外部出身の人材を積極的に登用している。この例のようにエグゼキューション体制を外部人材により構築するときに注意すべきは経営陣のコミットメントで、案件が動いている状況をなるべく定常的に維持することでリテンションも期待できる。

コラム：成功ディールの裏には現場リーダーの活躍あり

ある化学メーカーが海外M&A案件を検討していた際、大型案件であったこともあり、ディールは経営企画が中心に実施していた。プロジェクト開始直後は経営企画部長などタイトルのあるメンバーが中心にディールを進めていた。一方、当初紹介されたA氏は課長レベルのメンバーであり、最初から目立っていたわけではなかった。

しかし、A氏はディールチームに参画後、すぐに案件の詳細まで含めて全体像を理解し、それまでの上司が中心に進めていた案件を力強くリードするなどメキメキと頭角を現し始めた。例えば、社内の事業部との煩雑な調整・根回し、CxOレベルとのアラインメント、アドバイザーの取りまとめ、相手側との交渉についてはA氏の大車輪の活躍によりディールが進捗していった。

総合格闘技であるM&Aにおいては、常に全体感を掴みながら方向性を示していくことが大事な一方、各交渉アイテムやアドバイザーからのアウトプットの統合など、ある程度詳細なコンテクストを理解して進む必要がある（そして、そのコンテクストも日々変化する）。これは部長級であると時間の捻出が困難である場合が多く、専任に近い形で動けるメンバーの活躍する余地が大きい。

我々の経験則上、どのディールにおいてもこの「The Person」が存在する。例えば、エネルギー企業のM&A案件においてもこのメンバーが鍵となりディールは成功裏に実行された。このB氏は、当初は社長以下数名で検討されていた案件において、実務レベルを巻き込むタイミングで参画することになった。A氏のケースと同様の大型案件だったが、ディールチームに参画後、メキメキと頭角を現した。

これら「The Person」の特徴として、「意思決定する」ことが挙げられる。自分で判断するのだ。当然大きな意思決定は経営陣に委ねられることになるが、M&Aディールの中で発生する中程度の鍵となる意思決定において、そのような人は部長や経営陣に都度確認を取ることなく、自身の責任で「決める」のである。また、社長や役員クラスも同席する場においても忖度することなく、自身の意見を伝える。これは、経営陣・部長レベルから十分に権限委譲ができているかつ、信頼関係が構築されていることが背景にあると考えられる。

最終的に、このような頭角を現したリーダーはその後、その能力や功績が認められて昇進しており、M&Aのケイパビリティは次の世代に引き継がれている。経営陣としては、このような「The Person」が活躍できる土壌をいかに作れるかが、M&Aケイパビリティを構築する上での課題であり、チャンスではないだろうか。

M&Aの組織能力の全体像

M&Aの成功確率を高めるためにM&Aの組織ケイパビリティを高めていく重要性はこれまでに強調してきた。足許の自社のM&Aの組織能力を評価するには、M&Aのディール前・中・後のステージに沿って、あるべきベストプラクティスの姿との差を分析していくところから始めるのがよいだろう。これら項目をチェックリストとして自社の立ち位置を把握しておくことで、ケイパビリティの中でなにが足りないのかがより明確になるはずである。

ディール前

1．全社戦略とM&A戦略の整合性：全社の成長戦略とM&A戦略の整合性を担保する仕組み・プロセス（一定の間隔での見直し、経営幹部のコミットメント取り付けなど）が整備されており、時間軸や規模感、評価基準が明確になっている（例：20XX年までにXX億円の投資をして、売上XX億円、利益XX億円の上積みを実現など）

2. 投資ストーリーの確立：M&Aの重点テーマ（例：XXというトレンド・需要を取り込む投資、規模の経済の原理でコスト効率化を実現する投資、新規領域・地域に踏み出すための投資）が存在し、中でも個別ターゲットごとに同業他社では成立しないストーリーを構築

3. パイプラインのトラッキング：定期的にターゲット候補の更新が行われ、ステータスのアップデートが実施されている

4. ターゲット候補のリスト化：ターゲット候補企業のロングリスト・ショートリスト化のクライテリアが存在。投資仮説を構築しながら柔軟に優先順位付けを実施

5. ソーシングの専門性の担保：ディールソーシングをするためのネットワークや部隊が存在している（定期的な投資銀行との面談、独自のネットワークを活用した探索をする人材の登用など）および案件候補を社外含めた業界知見を活

用して柔軟に評価している

6．ピッチパック作成の知見：ターゲット候補に響くピッチパックを作る知見が蓄積されている（例：自社の強みの言語化、相手企業目線の投資後の成長ストーリーの構築）

ディール中

7．投資基準の制定：価格（マルチプル）、利益率、のれんの水準等、投資基準が明確に定められている

8．ディールの専門性の担保：M&Aディール経験のあるチームの動員（外部採用含む）、ICを設置の場合は、そこにも専門人材を活用

9．PMIを見据えたDDの実施：PMI責任者がDDのタイミングからアサインされており、ターゲットのガバナンス、文化なども評価する仕組みが存在

ディール後

10. プレイブックでPMIを組織知化：一般的な100日プランの型紙、スケジュールのテンプレ、To Do / check listが存在していることに加えて、それをベースに対象企業ごとに柔軟にテイラーメイドしている。更に、案件ごとの知見を蓄積してプレイブックを更新する仕組みが存在

11. 価値創造の担保：シナジーの実現に十分なリソースを充て、経過と結果をトラッキング。更に、現業の勢いが落ちないための手立てをPMI冒頭から導入

12. ガバナンス会議体の設定と明確な運営：事業計画を行動に繋がるKPIに落とし込み、モニタリングする仕組みが存在している

13. 人事権の行使準備：買収した企業に適した人材を採用できるネットワークを保持している

こうしてリスト化してみると改めて、M&Aの組織能力というのは多岐にわたり、特効薬がないということが分かる。そして、一朝一夕にこの全ての項目を満たすのは

非常に困難である。とりわけ、現段階でM&Aのパイプラインやディール前のプロセスが整備されていない場合や、そもそもM&A戦略やテーマが明確でない場合は、このリストの前半をより早急に強化する必要が出てくる。一方で、その理由の一部は戦略やディール組成、交渉の段階など前工程にあることも多い。案件を実行することができていても、PMIで失敗しているという場合にはM&Aのステージ全体を通して自社の実績の現状や原因を理解して必要なアクションを取っていくことが重要である。

まとめ：M&Aの組織能力をディール前の段階から整備

M&Aを通じた価値創造のためにはディールの前段階からしっかりと全社戦略に基づいたM&A戦略、そしてその実現のためのM&Aテーマ設定、ソーシング、アウトリーチが必須である。また、そのためにはM&Aを実行する組織やプロセスの設計とスキル構築が不可欠である。

もちろん、ディール実行時やPMIにおいても、それぞれ組織スキルを構築し、体制整備ができていることが理想ではある。しかし、まだM&A活動をプログラマティックに行っておらず、これからM&Aを活発化していこうという組織においては、全

図表24　M&Aプロセスを通して必要な組織能力の13項目

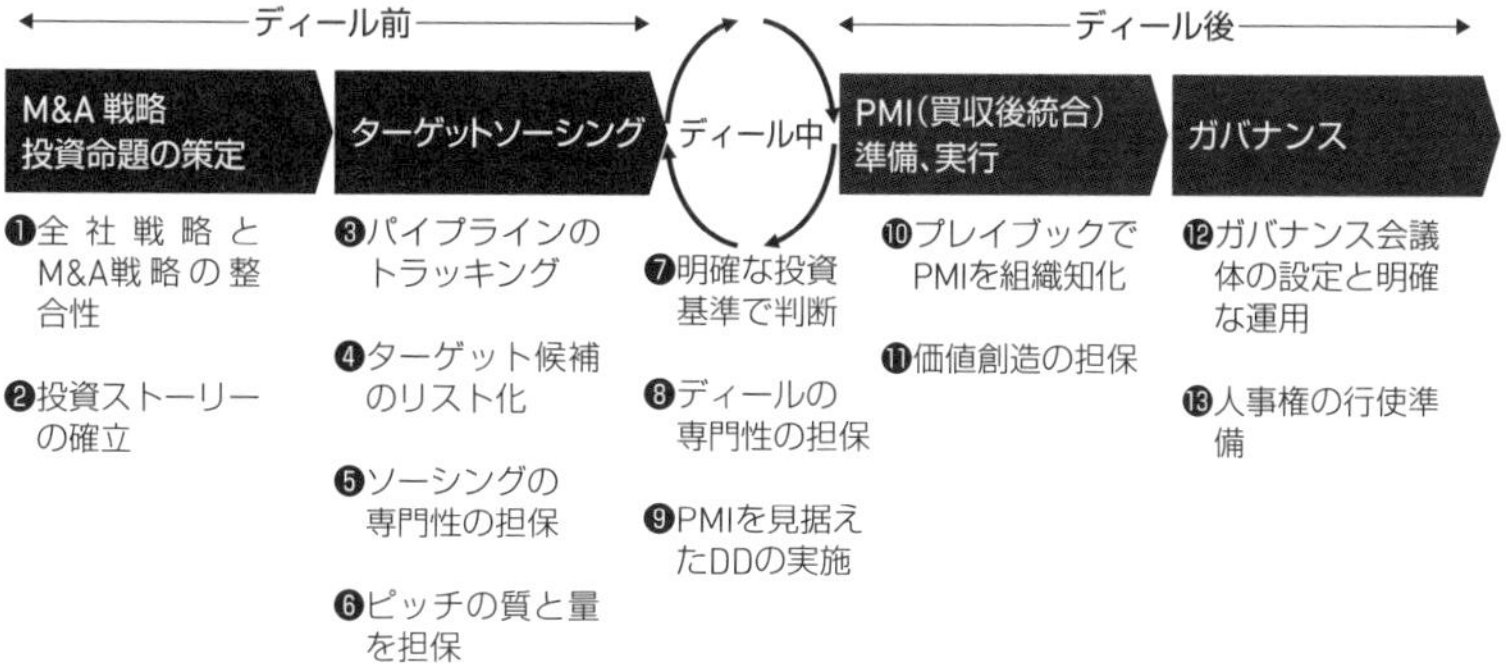

てを一気に整備することは現実的でない。まずは「正しいディール」を発見して実現するために、このディールの前段階を体系的・組織的に推進できる体制を整備しながら、具体的なディールを実際に探索していくことを勧めたい。

第3章

ディール実行段階の意思決定

前章ではM&A戦略の策定およびターゲット（買収対象企業）へのアウトリーチまでのベストプラクティスと、それを実行する体制の整備について述べた。本章では、ディール執行のステージにおける典型的な落とし穴と、それを回避して成功裏にディールを執行するための要諦について述べる。

DDとはデューデリジェンス（Due Diligence）の略称で、M&Aを実行する際に買収対象となる企業を詳細に調査し、買収価格や条件などの交渉に備えるプロセスである。DDの種類はビジネスDD（コマーシャルDDとも呼ばれる）、法務DD、税務DD、会計DD、環境DD、テクニカルDDなど多岐にわたるが、本書で詳細に扱うDDはビジネスDDに限定する（本書における「DD」とはビジネスDDを指す）。その他のDDについては、それぞれ専門性が高いものでもあるため、各領域のプロフェッショナルアドバイザーに委ねるとして、本書では割愛する。一方、ビジネスDDは、戦略的な要素を精査するという側面から、M&A案件の中長期的な観点からの成否にかかわることが多いと考えている。特に、検討中の案件が、自社の企業戦略やそれに呼応したM&Aテーマと本当に合致しているかという点を精査するという観点が大事であり、経営陣には複雑な事象の咀嚼と判断が求められる。本書では経営陣の役割と意思決定に焦点を当てるため、ビジネスDDに寄った内容に敢えてしている点にご留意いただきたい。

ディールの実行フェーズは、得てしてDD活動自体に命が宿ったかのように走り出すことがある。社内外の関係者の輪が一気に広がり、各ステイクホルダーが様々な角度からディールを評価する中で「ディール・フィーバー（ディール熱）」が生まれ、上昇していく。

DDが本格化する前の事前調査段階にも相当の工数がかかるため、買い手のみならず、FAを含めた外部ステイクホルダーもディール成立へのインセンティブが強くなりがちである点に留意する必要がある。場合によっては、高い価格水準であったとしてもディールを成立させようとする力学が発生し、その結果、支払プレミアムが創出可能なシナジーを上回るリスクが高まる。買収経験が豊富な企業でさえ、ディール実行フェーズではこういった落とし穴に陥る可能性があり、ましてや経験の浅い買い手であれば、尚更このような落とし穴を回避するのは至難の業である。

更に、本フェーズにおいてはターゲットとの接点も増すため、その接し方には留意が必要である。本フェーズで構築される関係性は、ディール・入札の結果はもちろん、その後のPMIフェーズにまで影響を及ぼす。ターゲットは、買い手のことを価値創造が実現できる「ベストオーナー」として信頼できる相手なのか、もしくは、高額の買収価格や経営陣への報酬を提供しつつ事業への関与が限定的な都合のいい相手なのか、について見極めてくる。

本章では、既に堅牢なM&A戦略を策定し、買収企業候補を特定し終えた後の、ディールを執行するフェーズを想定する。

ここから、我々が日本企業のM&A実行フェーズを支援する中でよく見られる典型的な落とし穴の類型について解説し、続いてそれらの失敗を回避する方法について言及する。

ディール執行における典型的な落とし穴の類型

我々の経験に基づくと、M&Aに取り組む多くの日本企業は、以下の落とし穴のいずれかに直面していると考えられる。

①**ディール・フィーバー**：案件進行に伴いディール・フィーバーが発生し、十分な検証を行わずに過度の買収額を支払う、または合理的ではないターゲットを買収してしまう

②**ディール完璧主義**：対象会社に対する理想が高く、完璧なディールを求めるが

故、案件執行に至らない

③**経営陣の理解不足**：経営陣の案件に対する理解不足により意思決定が遅延し、場合によってはM&A案件の交渉プロセスから降りることになる

④**アナリシス・パラリシス**：過剰な調査・分析により感覚麻痺（アナリシス・パラリシス）を起こし、重要な論点を見失ったり、優先度を下げたりしてしまう

⑤**シナジーの過大評価**：コスト削減の可能性や追加の収益機会を過剰に捉えたり、シナジー実現の時間軸やコストを過小評価したりすることでオーバーペイメントに繋がる

各類型について順を追って詳説するが、過去のディール経験などを回想しながら自社において該当する落とし穴に注視しつつ読んでいただきたい。

①ディール・フィーバー

M&Aが中期経営計画やIRにおける成長方針として掲げられることは多い。日本企業では、3〜5カ年の中期経営計画で買収に充当するM&A予算を発表する傾向が強まっている。国内時価総額上位100社（2023年1月時点）のうち、40社ほど

がIRコミュニケーションの重点分野として大規模なM&Aを挙げ、そのうち30社が具体的なM&A予算を発表している。

M&Aは有力な成長ドライバーであるため、外部に強いコミットメントを示すことは、投資家へのアピールにもなる。また、ターゲットや投資銀行などにもM&Aに対する真剣度を示すこととなるので、案件創出の蓋然性増加に繋がることもあるだろう。但し、M&A執行自体が戦略とならないよう注意を促したい。第1章、第2章でも触れた通り、M&Aは、自社の戦略実現に必要なスキル・技術・市場アクセス・製品等を外部から獲得し、自前で開発・構築するよりも効果的に確立する手段である点を忘れてはいけない。M&A自体が目的化してはならず、予算の期間内消化を絶対視することは極めて危険である。

残念ながら、日本企業においては「ディール・フィーバー」が散見される。多くのディール・チームは、定められた期間内に割り当てられた予算・資金を使い切る力学が働いている。例えば、売上成長を重要な業績指標と設定している企業が、売上高の大きい対象企業の買収を検討しているとする。ある程度買収検討が進捗した場合、再度別案件をゼロから検討し始めるよりも、本買収を実現させることに傾くのは理解できる。当該年度中に成長目標を達成し、かつ担当者の実績となるのであれば、買収企業が割高であったり、シナジー創出が限定的であったとしても、目標達成のために本買収を推し進めるインセンティブが働く。また、ディールを検討する中でターゲットに惚れ込んでしまうケースも散見される。本質的な魅力に惹かれるのであれば問題はないが、表層的な開示情報やターゲットのマネジメントはポジティブなメッセージを発信することが多い。信じたい情報だけを選択的に拾ってしまう「確証バイアス」の作用で楽観的に解釈することは非常に危険である。

ディール・フィーバーが働く要因として、DDに関わるステイクホルダーの報酬体系も挙げられる。アドバイザーの活用はM&Aの成功において重要な要素であるが、各アドバイザーとの契約関係については理解しておく、もしくは過度なインセンティブが働かない契約体系としておくことも忘れてはならない。

また、競争環境の激しい業界など、競合他社や他の入札者の存在がディール・フィーバーを強める可能性についても留意すべきである。競合他社に買収されないよう競り勝つこと自体が目的化したり、競合他社の存在が意思決定の場において大きな影響力を持ったりすることがある。これはFOMO（Fear of Missing Out）と呼ばれる現象である。当然、売り手はこのような力学を活用し、入札価格を引き上げることも多いので十分留意すべきである。但し、競合他社が買収した場合、自社にどのような影響が発生するかについては常に検討しておかなければならない。M&A巧者になると、競合他社が買収した場合に発生する、自社の既存事業における企業価値毀損総額を推計し、そのインパクトよりも買収価格の追加負担額が小さいのであれば買収を実施する、というフレームワークで検討が行われる。

加えて、ディールやDDに費やしてきた時間やコストがディール・フィーバーを生むこともある（いわゆるサンクコストである）。買収対象候補企業の探索・調査・交渉に多くの時間と労力を費やした場合、DDの結果、投資命題の条件を充足していなくても、費やした努力を無駄にしたくないというインセンティブが働く。当然ながら、DDまでに実施した取り組みはサンクコストであり、Go／No Goの決定に影響を与えるべきではない。しかし、このような場面でディールが持つ慣性は非常に強いことがある。

価格交渉の回数を重ねることで、価格が相手によって吊り上げられていく力学にも注意すべきである。企業価値を左右する新たな情報などがない中で価格上昇を簡単に了承せず、社内で上限価格やウォークアウェイ価格（これ以上の価格になったらディールから降りる、という基準価格）の水準を持ちながら、ターゲット企業の事業価値とプレミアムに見合う価格水準での合意に持ち込むことが重要である。

②ディール完璧主義

ディール・フィーバーとは反対の現象に苦しむ日本企業も多い。自社の努力によらず、執行に値するディールになかなか出合えないという悩みである。このような企業ではM&Aを実施するために、ディールチームを組成し、稼働し、市場調査やターゲット企業へのアウトリーチを行い、数百社の企業プロファイルを作成し、ロング・ショートリストを更新し、数百回のミーティングを行うものの、そのほとんどがDDまで至らなかったり、DDを経ても契約締結まで至らなかったりする。

前章で述べたように、ターゲット企業の探索とアウトリーチには多大な労力を要する。重要なのは、アドホックな持ち込み案件に飛びつくのではなく、事前にショートリスト化された買収対象候補企業と、場合によっては長い時間をかけて、関係を構築していくことである。しかし、ターゲット探し（ソーシング）からなかなか執行に至らない企業には、何かしらの問題点が存在することが多い。

仮に、目標プロファイルにほぼ合致し、価値創造に寄与する可能性が高いターゲットに巡り合っても、買い手側の社内の意思決定プロセスにおいて阻害要因や遅延要因が存在し、結果として買収機会を逸してしまうというケースが存在する。例えば、主要な経営陣間において、M&A戦略や方向性、成功の定義などについての事前の理解や合意が不足しており、総論でM&Aをやることには賛成だが、各論で個別ディールには反対といった状態になっているというような場合である。

日本企業の多くでは、失敗を恐れてリスクを取ることを過剰に避ける企業文化が根強い。失敗を恐れて過度にリスクを回避する文化において、M&Aの実行と成功は難しい。ある大手金融機関において、キャリアローテーションの一環としてM&Aチームのリーダーに配属された担当者は「M&Aチームを今後3〜4年間リードする身として、キャリアの観点から最善の行動はディールをやらないことなのだ。もちろん、ディールで成功すればキャリアの弾みになるが、失敗案件を提案した結果の方がはるかにマイナスとなる」と発言していた。これはかなり極端な事例だが、まさにリスクを取ることのダウンサイドの強さを物語っている。

M&Aの本質の一つは、リスクを取って大胆にアクションすること、すなわち、時には既存のフレームから脱却することで、文化や事業が異なる企業と一体となり成長したり・あるべき姿を実現したりすることである。失敗を恐れてアクションを取らない企業文化が組織に蔓延していると、それ自体が企業のM&A成功率を引き下げる大きな要因となるのではないだろうか。

加えて、ディール検討時にリスクを挙げることに躍起になる役員がいることも珍しくない。検討を真剣に行っているが故の行動かもしれないが、ディールの本質に関係のない点を訴求したり、ディール後に十分に対処可能なリスクに時間を費やして、ディールの実行判断を遅らせたりすることは避けたいところである。

当然、絶対に成功するM&A案件というものは存在しないので、一定程度のリスクが残る中で意思決定をすることになる。従って、このような役員からディールに対する支持を得るためには、潜在的な将来シナリオに基づいた、ベースケース、アップサイドケース、ダウンサイドケースを示すことが肝要となる。これらの各ケースは、単なる数字の上での調整ではなく、ベースケースを基軸に、現実に起こりうるシナリオに基づいて前提を設定する。つまり、将来の予想成長率が1%ポイント低かったら、あるいはWACCが1%ポイント高かったら、評価はどうなるかという機械的な試算をするのではなく、内部的に整合性のある現実的なシナリオを検討することが重要である。例えば、整合性のあるダウンサイドケースとは、新たな競合が出現し、クロスセルからの市場シェア増加が制約されることにより売上成長率が低下し、生産キャパシティの拡大も先送りになる、といった具合である。重要なのは、それぞれのシナリオが発生した場合の財務インパクトがどの程度であり、それは許容可能な範囲なのか、そのリスクシナリオの発生蓋然性を抑制する手段は何か、といったことを経営陣間で共有し、意思決定することである。より定量的な評価を行う場合は、各シナリオに確率を割り当て、その結果の確率加重平均を計算することで、ディールチームは不確実性を取り入れつつ、潜在的な価値創造の数値を導くことができる。更に、現実的なシナリオを作成することで、ネガティブな結果とポジティブな結果の両方を明確にし、特にリスクに対する実効的な対策を練ることができる。

より定性的な方法として、買収後の将来像を想像することで、ディールについてポジティブなストーリーを示すことができる。ターゲットとの提携が各ステイクホルダーにどのような利益をもたらすかを示すことで、より広い支持者を引き込むことができる。顧客はより良いサービスと幅広い製品ラインナップを享受することができ、サプライヤーはより大きな受注を獲得できる。また、R&Dチームはより多くの知的財産にアクセスでき、営業スタッフはより広範な製品ラインナップを活用でき、マネージャーはより大きなビジネスの責任を担うことができる。このように、ディールのテーマが買い手の戦略と長期的にどのレベル（グループ、事業部、製品／地域セグメント、個人）でどのように合致しているかを示すことは、ディールの全体感を捉えて支持を集めるために大いに役立つだろう。

③経営陣の理解不足

我々がM&Aを支援する際によくディールチームから出てくる課題として、経営陣や取締役から予想外かつディールの本質とは関係のない質問が頻出することで対応が必要となり、意思決定の遅れに繋がるというものがある。もちろん、経営陣や取締役の質問への回答は必要だが、ディールに関する初歩的な理解、以前説明した内容の繰り返し、ディールの意思決定に影響しない質問などが多い場合は問題である。これらの落とし穴を防ぐためには第1章、第2章で論じた通り、M&Aに対する本質的な理解や戦略的な位置付けから経営陣のコミットメントを取り付けておくことが重要である。

経営陣のディールに対する理解を醸成するために、M&A巧者は経営陣がディールにおいて意思決定するにあたっての重要な要素をあらかじめ設定している。際限なく情報や意思決定が必要となるM&Aにおいて、経営陣が認識しておく必要のある要素をあらかじめ絞り込み、各要素の充足条件を定めておくことが、経営陣のディールへの賛同獲得には必要となる。例えば、戦略的適合性、価値創出の機会、リスクと対処案などが挙げられ、理想的には戦略策定およびアウトリーチフェーズの段階で既に確立されていることが望ましい。社内ＩＣなど、Ｍ＆Ａにおいては承認を行う意思決定機関や会議体が明確に存在し、そこで諸条件が事前に合意されている状況がベストプラクティスであると言える。

Ｍ＆Ａ承認時にカバーする項目としては、一例であるが下記のようなものが考え得る。

ＬＯＩ（Letter of Intent）提出フェーズ

- 市場動向
- ターゲット企業の競争優位性
- 自社との戦略的な適合性
- 過去の業績と将来の見通し
- 同業他社／過去ディールに基づく概算企業価値
- 価値創造に向けた施策の仮説
- ディールの実現可能性
- ＤＤなどで評価すべき潜在的なリスク要因

DDフェーズでは、上記に加えて以下の要素も重要になる

- 価値創出ストーリーとして具体的なバリュードライバー（どのようなシナジーをどのような投資・コストで実現するのかを明示したもの）
- バリュエーション（DCF評価などを複数のシナリオや前提で行い、シナジーを含むディール価値を算定）
- ディールのリスクと対処案（法務、会計、税務、環境および安全衛生等）
- 買収ストラクチャー
- 規制当局の承認に向けた明確なロードマップ
- ディール発表時のIRストーリー
- SPA（株式譲渡契約書）などに向けた主要論点および相手との交渉要綱

経営陣がこのような条件や要項に合意した上でディールの意思決定を行っていくことは、ディールを適切に行う上で非常に重要である。

これらの項目は、承認システムの「ハード」な部分を構成している。承認システムの運用に必要な前提条件ではあるが、あくまで効果的な運用を保証するに過ぎない。投資承認の際の議題をどのように選び、提示するか、あるいは誰が議論をリードするかといった「ソフト」な要素は、ハードな要素と同程度重要である。この点については、M&Aプロセスや社内力学を意識し、経営陣が自社に合わせて詳細に設計する必要がある。

④アナリシス・パラリシス

日本企業においては、ディールチームに対してターゲットに関する調査・分析の要望が止めどなく押し寄せ、チームが疲弊しきってしまう光景が散見される。過剰な調査・分析で疲弊し、重要な論点を見失い、ついには肝心な要素とノイズが区別できず意思決定不能に陥ることも起こり得る。また、詳細な論点の調査を過度に積み重ねてしまい、チームは稼働しているのだが、ディール自体が進展していない空回りの状況が発生する。このような状況を「アナリシス・パラリシス（感覚麻痺）」と呼ぶ。

主要なリスクの確認は当然重要である。環境・安全上の懸念、訴訟、会計処理、オフバランスシートの取り扱い、資産の所有権等、業務と直接関係しない項目にも大きなリスクがあるかもしれない。これらの項目を全て確認しようとすると莫大な量となるため、詳細な論点についてはある程度のルールを持って確認是非を判断する必要がある。社内の専門チームや各アドバイザーはこれらのルールに則りアナリシス・パラリシスを回避するべきである。各検討項目についてどの程度のものをどのように判断して意思決定の場に上げるかということが大事である。特に経営陣として、本論であるディールの戦略的な意義や価値創造を論じる場と、主要リスクがないことを確認する場とをうまく分け、正しく情報を判断に繋げるような立て付けを意識すべきである。

例えば、リスクの潜在的インパクトに関する閾値を設定することにより、インパクトが限定的かつ対処することができるリスクを判別する仕組みを構築しておくことも考えられる。

潜在的なリスクの評価には、リスクが発生する確率とその重大性を推計する。次に、リスクの対応策が、リスクの確率と影響をどの程度軽減させられるかを推計する。このような対応策の効果と、対応策に要するコストを比較することで、対応策を取るべきかどうかを判断することができる。

このようなシステムを実現するためには、必要なスキルや経験を持つ人材やアドバイザーをプロセスに参加させることが重要だ。一方で、必要な開示データがない場合や、時間が限られている局面においては経営陣の判断が必要とされる場面もあるだろう。そのような場合、経営陣に求められるのは、投資命題や価値創造の原則に立ち戻ることである。そして、それぞれのリスクがディール全体に与える影響を可能な限り見極め、経営判断を行うことである。

また、後段でＳＰＡについて言及するが、ＤＤフェーズで発生するリスク項目は、下記を含めた様々な方法で対処することができる。

- ＳＰＡ（株式譲渡契約書）の書面内の表明保証（レプワラ）でリスクを売り手に付帯
- アーンアウト、価格調整メカニズム、条件付き支払いなどでリスク・アップサイドを売り手と分担する価格形式
- Ｍ＆Ａ保険の購入
- 案件においてリスクを取るものの、買収後のモニタリングでダウンサイドインパクトを限定

時間やリソースに制約のある中、買い手は過剰な調査によるアナリシス・パラリシスを防ごうとするあまり、ＤＤの取り組みを浅く広く捉えすぎた結果、重要なリスクや価値創造の大きな機会を見落とすことにも注意が必要である。

木を見て森を見ず、という状況にならないよう、ＤＤにおいて意識しておかなければならないのは、論点を絞り込んで、精査・検証を行っていくことである。そのためには、社内の体制構築やプロセスの整備、アドバイザーの効果的な活用が鍵となる。

また、ターゲットに対して過度に詳細な情報を請求することも、ターゲットの大きな負担となるだけでなく、自社への信頼を毀損させる可能性を伴うので回避するべきである。ある日本の大手企業では、ディールチームは全ての関連部署から調査項目・質問を集め、優先順位付けや選定を行わずに（あるいは全ての項目を優先度高と設定した状態で）、ターゲットに送付していた。ターゲットは、複数回のＱ＆Ａのやり取りの中で数百問の質問を受け取り、日常業務に支障をきたすほど対応に追われることとなった。更には、ターゲットは提供した情報の信頼性を疑われているのではないかと感じたり、買い手が案件に懸念を抱いているのではないかと心配したりしてしまった。買い手がＭ＆Ａにおいて「経験不足」あるいは「マイクロマネジメント型」である印象をターゲットに抱かれると、その後のディール成立や価値創造・ガバナンスにおける関係性の構築にも支障をきたす恐れがある。

データ要求と質問リストに関しては、実施したい分析や検証したい論点を踏まえての必要性と、ターゲットの要求に対応する能力を考慮して調整することが必要である。優れた買い手は、要求した情報を投資判断にどのように活用するかを明確に説明し、依頼事項に優先度評価（例：高／中／低の優先度）を適切に付与する。これにより、回答するターゲットも最も重要な項目に集中できるようになる。

同様に、ターゲットの経営陣へのインタビュー（マネジメント・インタビュー）に関しては、質問は、ディールの投資命題を証明するのに必要な質問事項に限定することが望ましい。質問は、過去実績と現在の戦略が将来の価値創造にどのように繫がるかに焦点を当てるべきである。ターゲットの経営陣のプロファイルに合った明確な質問リストを用意することが、成功する対話の鍵となる。最後に留意すべきことは、これらのインタビューに参加するターゲットの経営陣は、ディールが成立した後のシナジー実現における主要なステイクホルダーとなる可能性が高いということである。そのため、経営陣との関係構築や今後の協力の確保も重要な目的となる。ターゲット企業の理解のために答えを追求することも重要だが、経営陣へのインタビューの主な目的は良好な協力関係を築き、共に潜在的な価値創造の領域を特定することでもある。ターゲットの参加者を尋問したり、弱点を見つけようとするかのような問い方は避けるべきである。

ターゲット企業の評価は本質的に不確実性を孕むプロセスであり、ＤＤ中はもちろんのこと、クロージング時でも全ての情報が明らかになるわけではない。ポイントは、ディールの目的および価値創造に影響を与える重要な情報を確実に把握し、意思決定に繋げることである。むしろ、買収発表後のＰＭＩ準備やガバナンスの立ち上げ時にこそ、より詳細な情報の入手が可能だし積極的に取得すべきなのだが、後述するように日本企業はこのステージにおけるターゲット企業との適切な情報共有や理解が効果的にできないことが多いことも課題である。

このような展開を経て、買収を実行した日系企業の事例について、後日談がある。ターゲット企業出身メンバーとの社内での振り返りの対話において、買い手はターゲットからＤＤ中にマイナスの印象を抱かれていたことを知った。以降、同社はＤＤの質問やデータ要求をディールの投資命題に紐づけることを優先事項とし、その後のディールのプロセスをよりスムーズ、迅速、かつ効率的に進められるようになった。

⑤シナジーの過大評価

Ｍ＆Ａディールにおける日本企業の５つ目の落とし穴はシナジーの過大評価である。コスト削減の可能性や追加の収益機会を過剰に捉えることや、シナジーを達成するのに必要な時間やコストを過小評価することである。これは企業に大きな損失をもたらす原因となり得る。

この落とし穴は、ディールの成約に大きなインセンティブや慣性が働く場合や、買い手のPMI経験が不十分な場合に特に起こりやすい。競争入札の場合や買い手のアドバイザーがディール成約に強く偏った立場を取ってしまった場合など、シナジーの見込み価値を増大させることでバリュエーションを上げ、提示できる価格を高くする力学が働くことは理解できる。

前述のとおり、原則としてシナジー価値の概算は、買収を通じて両社が創出できる追加の価値を表し、スタンドアローンの価値算定に加えると、買収に支払える金額の上限となる。DDフェーズのシナジー算定は、特に買収価格の検討に使う場合は、理想やストレッチシナリオではなく、現実的なシナリオを採用するのがよい。

一つ注意したいのは、シナジー算定において、類似企業のディールで発表されているシナジー見込みの金額を鵜呑みにするべきではない点である。シナジーの規模感はディールによって大幅に異なるので、可能な限り、ターゲット企業からの情報開示を通じ、実際の数字や事実を基に現実的なシナジー金額を概算するのが望ましい。例えば、生産拠点の統廃合による効果を概算するには、実際の工場の立地や製品情報、生産量、人員数や稼働状況といった詳しいデータがある方がいい。これらのデータは、

図表25　コストと売上シナジーの達成率の比較

売上シナジーの達成はコストより難易度が大幅に上がる

各社のシナジー達成度合いの分布(%)

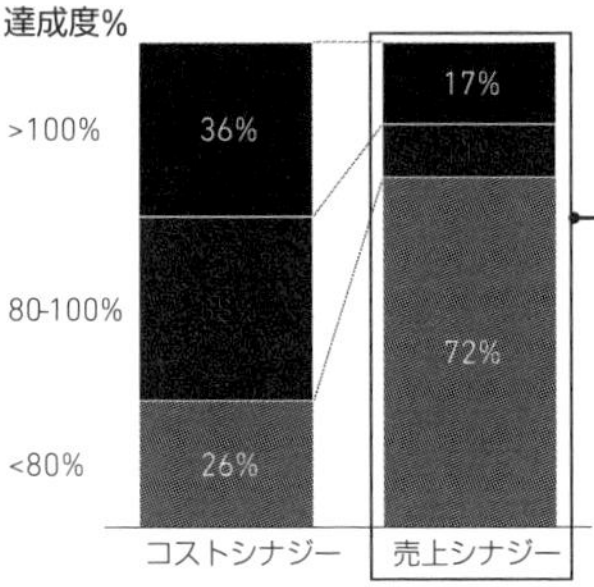

売上シナジーの策定・達成を困難にする要素

- 外部ベンチマークが適応しづらく、ターゲット設定の参考値が少ない
- 売上シナジーのベースライン（シナジーがない場合の成り行き）が定義しづらく（往々にしてベースが過大評価されている）、議論が混迷する
- 必要な詳細データ（顧客ごと、製品ごと、価格データなど）が簡単に入手・整理できず、具体的なシナジー活動の定義に時間を要する
- 売上シナジーには組織横断のアプローチが必要（オペレーション、財務、ITなど）
- トップだけではなく、現場のインセンティブを含めた整理・動機付けが必要（トップダウンの決定では実行担保されない）
- 人材流出リスクは営業系の人材において、他部門より高いことが多い

出所：過去にM&Aを行った企業の経営陣へのアンケート（グローバル）、n = 77

シナジー、すなわちディール価値に直接関わる重要要素として、ターゲット企業にも開示を優先度高く要求する類いのものである。

シナジーは、その種類によって実現までの時間軸や難易度も異なる。そのこともバリュエーションに反映すべきである。日本企業のM&Aでは、雇用を守るなどコスト削減に積極的でないことも作用するためか、売上シナジーを強調する傾向があるように見受けられる。売上シナジーとは、双方の製品のクロスセルや、新規製品の共同開発で売上規模を伸ばしていく施策である。しかし、グローバルにおける多くの大手企業に関するM&Aの研究からも、コストシナジーは、当初の目標額に届く割合が売上シナジーと比べて非常に高い。

コストシナジーは本来、比較的短期間で達成できるものが多い。通常、ＳＧ＆Ａ（販売費及び一般管理費）のシナジーは、マネジメントの決定に基づいて短期間で実施できるものである。しかし、ＣＯＧＳ（売上原価）に関連するシナジーは、サプライヤーとの交渉や製品設計および工場運営の変更など、より準備が必要なことが多い。経験豊富な買い手なら、交渉による調達シナジーはクロージング直後から、製品仕様の変更による部品の共通化などを通じたコスト削減は１～２年で達成することを目指すのが目安である。ＩＴシステムについては、最終形態に至るまでより長い期間がかかる場合もあるが、基となる業務プロセスの統合、簡素化によるコストシナジーを計画に織り込み、早期の実現に向けて尽力するのが通常である。

一方で、売上シナジーはより長い期間を要することが多い。セールス部隊のトレーニング、販売ツールなどが必要であったり、顧客の商談のリードタイムにも時間を要したりする。製品自体の開発を変えるとなると、より長期の取り組みとなることも多い。

売上シナジーもディールの投資命題やエコノミクスに影響を与える重要な要素であるので、はっきりと特定し、価値算定に盛り込むことも重要である。留意すべき点は、シナジー実現の難易度と時間軸を踏まえ、ディールの価値算定と自社が払える金額にどの程度織り込めるかまで可能な限り定量的に推計して判断することである。

もう一つ、本来検討しておきたい要素は、自社がシナジーを達成するためのケイパビリティを十分に有しているか、ということである。コスト削減についての知見や、営業活動の強化のアプローチ等、買収先との協業や改善を推進するだけの強みを持っているかどうかで、シナジーの実現確度は大きく変わる。しかし、ケイパビリティが低いと謙遜して見積もると、本来得られるはずであるシナジーを見込めず、ディールを実現するに足る金額が出せないという事態にもなりうる。自社がM&A巧者として経験を積むためには、ディール実現後のPMIの体制や準備、運営に十分に投資し、シナジーを計上・計画し、その後、データ等から理論的に取れるはずのシナジーを計上・計画し、シナジー価値の実現の経験値と組織能力の強化を行っていくべきである。

M&Aの組織力・経験値不足の弊害

M&Aにおいて厄介なのは、これまでに挙げてきた落とし穴や間違いに、一度だけでなくディールのたびに繰り返し陥る企業も多いことである。傾向として、ディールのチームメンバーを都度寄せ集め、事業部の巻き込みが弱く、取締役など含めてディール後の振り返りがされていない企業に見受けられる。こういった体制でM&Aを実行すると、仮に失敗したときに陥ってしまった落とし穴への対策を次回までに打つことができないのである。

また、M&Aの頻度自体が不定期だと、そもそも形式知として体系化するほどの経験を積めない。プログラマティック型のM&Aで年間1～2件以上のM&Aを行う企業は、全世界の大手企業では約14%である一方で、同期間の大手日系企業では9%程度であることからも、そもそもの経験量が不足している企業が多いことが分かる。

また、たとえディールが一つうまくいったとしても、それが属人的な知識や経験に留まる場合は、その人物がいなくなると、組織知となっていないノウハウは踏襲されることなく、次のディールで落とし穴にはまってしまうリスクを抱えることになる。M&Aのスキルと経験をどのように維持して形式知とするかも本章で述べる。

DDの落とし穴を避け、ディールを成功に導く

これまでディール執行フェーズの大きな落とし穴を多く紹介してきた。これらを避けて、投資命題の明確な正しいディールを適切な価格で行うにはどのようなポイントがあるのか。前述のポイントを踏まえ、経営陣として持っておくべきマインドセッ

ト、全体を通じて経営陣として注力すべきことを提示したい。尚、本書では経営陣の視点に絞り、実務レベルでのテクニカルなＤＤの詳細な項目等については割愛する。

ディールの正しい遂行に際して、経営陣の役割は大きく３つに集約されると言える。

①ディールの戦略的な意図と投資命題を明確に持ち、ディール遂行部隊の活動とディールの意思決定に反映させる
②ＤＤ活動が投資命題の鍵となる構成要素に注力し、ターゲットのバリュエーションとも連動していることを担保する
③ディール後にも学びやプロセスを体系化し、その後のＭ＆Ａの成功確率を向上させる

一つ一つの要点を見ていこう。

①ディールの戦略的な意図と投資命題を明確に持ち、ディール遂行部隊の活動とディールの意思決定に反映

一定規模のディールの場合、経営陣レベルの人物が投資命題を掲げて推進する必要がある。更に、経営陣間の役割分担も非常に重要である。以下のようなステイクホルダーが考えられるが、それぞれの役割の明確化と、役割に沿ったディールの推進がポイントとなる。

- ディールを推進する経営陣（ディールオーナー）
- M&Aチームのリーダー（多くの場合はコーポレート所属）
- 事業部門におけるディール推進チームのリーダー
- IC（あるいは類似の役割を持つ投資承認機関）
- 関連領域を管掌する経営陣（財務、法務など管理部門の統括を含む）

特に、ディールを推進する事業サイドの経営陣が明確でない、あるいは十分にリードする役割になっていない場合は懸念を抱かざるを得ない。加えて、事業側のリーダ

ーとM&Aチームのリーダーの連携や役割分担のズレもリスクとなり得る。更に、ICがディールの戦略的な意図に合致した論点を意識した審議を行うか、という点も非常に重要である。社内の様々なステイクホルダーの役割や関係はどうあるべきかを検証してみる。

事業側チームとM&Aチームの役割と関係性

前章で述べた通り、会社の戦略として目指すM&Aの投資命題は既に経営陣間で合意されているべきである。また、事業側の経営陣が運転席に座り、ドライバーとして十分な関与をすることも非常に重要である。まったくの新規領域でない限り、買収後に価値創造を担当する事業部・役員はDDの段階で概ね決まっているはずである。しかし、日本企業でよく見られるのは、そういった場合でもDDの推進はコーポレートのM&Aチームがほぼ単独で行い、事業部が巻き込まれるのはディール締結やPMIの段階になったタイミングからである。これでは事業部は責任者として十分に機能できず、ターゲット企業との連携や価値創造に大きな支障をきたすことが多い。この議論では直接の競合他社のM&Aで、競争法の観点から事業部の中心メンバーの関与を限定する必要がある場合を除く。

事業サイドのリーダーは特に、投資命題について最も明確な理解を持ち、関係者へのコミュニケーションの担い手となるべきである。繰り返し投資命題を説き、DDや交渉の進捗、各意思決定会議での議論、現場の動きなどが、ディールの本来の意図と整合していることを確認するべきである。この人物が、ターゲットとの交渉のメインの窓口になることも多いはずである。

同様に、M&Aチームのリーダーも投資命題との整合性を確認する役割を担う。事業サイドのリーダーはより戦略面や買収後の戦略実行面を管轄する一方、M&Aチームのリーダーは、ディールのバリュエーションやシナジー算定、リスク項目、価格設定および交渉事項など、ディールのテクニカルな部分を担当することが多い。また、特定の事業部の管掌と整理し難い、複数事業部にまたがるような買収対象候補の場合は、M&Aチームのリーダーが異なる事業部間の橋渡しとしての横軸連携の役割を担うことも多い。

M&Aチームのリーダーと事業部サイドのリーダーでは、一般的には事業部のリーダーのほうがM&Aリーダーよりも職位が高いケースを我々は多く見ているように感じる。職位によらず、2人はディール推進において、補完的に機能するような関係性が良いと考える。例えば、他の役員などから様々な意見が出る中、両者が連携しながら投資命題がディール・フィーバーにのみ込まれないように常に留意する必要がある。

更にはPMIのフェーズでもこの関係性は継続されることが望ましい。事業サイドのリーダーは理想的には、そのままPMIのリーダーとして、実際の価値創造の実現まで完遂する。M&Aチームでは、必要なPMIの専門性やIMO（統合推進室：Integration Management Office）の活動を円滑化しながら、PMIリーダーがその役割を果たしやすいようにするのである。

IC（投資委員会）の役割

ディールを各ステージに分割し、評価を行い、承認をする役割を担うべきIC（や相当する会議体）も、同様に投資命題に沿った運用を行う必要がある。例えば、ベンチャー企業への投資や買収で新規ユーザーの基盤獲得や事業の急速な成長の可能性を目的とする場合と、既存事業の同業他社を自社の事業の中に取り込む「ボルトオン」を行う場合とでは、異なる投資の判断基準を設ける必要がある。具体的には、どれくらいの投資回収期間を是とするのか、利益率の向上を重視するのか成長率を重視するのか、といった形で、事業について確認すべき指標自体が変わってくる。

同じ事業分野で活動している既存企業を買収する場合、自社の当該事業に追加投資してシェア向上させるのか、競合買収からのシナジーを実現するのかを吟味する必要がある。一方、スタートアップ企業の場合、利益貢献が数年先になる場合もある。売上成長で評価するのか、自社にない能力（ソフトウェアなど）による自社の製品サービスの強化で評価するのか、それとも短期的な利用者数やエコシステムへの進出度合いなど、異なる指標で評価する可能性もある。

自社ICの有無にかかわらず、ディール審議の場において実際にどのような指標が使われ、どのような議論が行われているのかを確認すべきである。例えば、それは自社のM&A戦略やテーマに沿った内容の議論であるか。または、対象によらずターゲット企業を評価する際の基準となる利益マルチプルが同一になっていたりしないか。利益率の即時向上やEPSの向上等、画一的かつ戦略にそぐわないハードルを適用してはいないか等である。

特にEPSについては注意が必要で、ディール直後のEPSの変動は必ずしも長期的な価値創造と連動するものではない。しかし、一部の投資家は依然EPSを参照する傾向がある点には気を付けたい。ディール対価で自己株式の比率が高い場合、買い手が売り手に所有権を過度に譲渡しないよう、EPSの増加／希薄化を見ることには意味がある。しかし、多くの場合、ディール執行の条件を決定する際には、買収の戦略的目標を念頭に置くことが重要である。

ディールを推進する経営陣（ディールオーナー）の役割

ディールを推進する経営陣（ディールオーナー）の役割は、ディールの戦略的な意図と投資命題を明確に持ち、遂行部隊の活動と意思決定に反映させることである。ディールオーナーには、当該ディールが自社の戦略に沿った形で株主価値を創造するものであることを自社取締役および株主に対して信憑性が高まるよう説明する責務がある。

また、戦略策定段階からM&Aに関する取締役会との頻繁な対話を行うことも非常に重要である。突然、個別案件の承認に関する議題を付議すると、取締役会もどのような観点で評価・討議すべきかという指針を明確に持って議論に臨めないことがある。その結果、建設的な議論がないまま承認されたり、あるいはディールの投資命題から外れた論点で議論が長く続いたりし、取締役会にも執行側にとってもわだかまりが残ってしまう。個別ディールの前から優先するM&Aテーマや主要な買収対象候補企業について論じておくことにより、いざ個別ディールの討議に入った際、取締役会は既にどのようなテーマから出た案件か、経営陣やM&Aチームと同じ理解と整理の中で建設的な対話をすることができるであろう。

近年、アクティビスト（物言う株主）の日本企業への関与の増加もあり、買収の必要性に関する論理的な説明が不十分なM&Aは検討が進みにくくなっている。M&Aプロセスを中止し、配当や自己株式の取得で株主に資金を返還する提案も増えつつある。多くの投資家は企業に対して、資金の内部留保や株主還元をするだけではなく、高収益機会への投資を期待していることを企業側は理解しておくべきである。外部への説明という観点からも、M&A実施の戦略ストーリーと財務的なインパクトなど、主要な論点は普段から明確にしておくことも、経営陣の重要な役割である。

②DD活動が投資命題の主な構成要素に注力し、ターゲットのバリュエーションとも連動していることの担保

DD活動のかじ取りにおいても、経営陣が現場に的確なガイダンスを出すことは重要である。特に現場が投資命題の検証に沿った作業に最も多くの労力と注意を割けるようなガイダンスを出せるかがポイントとなる。

投資命題の主要なドライバーやリスクに注力するための実効的なやり方をひとつ紹

図表26　DDにおいて準備する「初期仮説」の一例

（「XX」には実際の中身を現時点の理解で入れておく）

カテゴリ	仮説
対象企業と市場の魅力	• XX市場のXX技術に基づくXX製品において、ターゲット企業は積極的に活動している • 市場はXXをベースに成長しており、今後更に成長が加速する見込み • 上位XXに基づき、XXは若干弱いが、ターゲット企業は市場のリーダーとして知られる。競争上の位置付けは安定しており、最新の製品XXが好評で、市場シェアを伸ばしている • スタンドアローンでは、営業利益は今後XX%で推移し、市場の評価額に沿うXX億円程度の価値が妥当である
シナジー効果	• 買収を通じて、ターゲット企業のXXの市場をリードするXXとXXのスキルを組み合わせ、XXの売上を増やし、XX年の利益をXX円増やす見込み • XXとXXの機能を組み合わせることで、コストをX%削減し、XX年にXX円の利益を上げることが可能になる • 1回限りの実装コストはXXと見積もられており、シナジー効果はベースケースではXX億円程度と予想される
買収価格とPMIの留意点	• XX億円（X%プレミアム）の価格で企業を買収することで、XX億円（全体のX%）のシナジーを捕捉でき、X%の投資収益率を達成できる • ターゲット企業の経営陣は取引に対してオープンで、XXの追加を歓迎するが、統合時に対応が必要な2社のXXの違いを認識する必要がある

介したい。ＤＤの開始に際して、「投資命題の初期仮説」と呼ばれるものを明文化することである。これは、当該案件の投資命題（投資ストーリーとも呼ばれ、なぜ今、ターゲットに投資するべきかの合理性をファクトに基づいて説明する、ストーリーライン）のＤＤ開始時点における案である。より具体的には、なぜ本案件が全社戦略に合致しているか、対象会社についてどのような前提を満たす必要があるか、どの程度のシナジーをどこから見込むか、どのようなリスクがあるか、といった内容をＤＤ開始時点の理解から端的にまとめておくのである。その時点で主要な価値創造の方策および大きなリスク要因を想定できていれば、ＤＤ活動はこの仮説のうちの該当箇所に注力することができる。一方で、この初期

仮説にない要素や調査項目などについては、他の項目との優先順位付けの上、作業を行う前に判断することになる。

初期仮説を念入りに作りこむことで、DDで限られた時間と労力が投資命題の要点の検証に投下されるようガイドできる。例えば、ターゲット企業の顧客関係を活用して自社の製品をクロスセルすることが主要な価値創造の仮説であるとする。DDでは、顧客の主な購買決定要因の理解、ターゲット企業の顧客関係や自社の顧客との重複の分析、営業の体制や売り方の類似点や相違点の明確化、といった項目がシナジーの検証に必要な分析となる。顧客の情報といった特にセンシティブな情報について、クリーンチームを設置して情報の分析を行うべきか、といった判断も行いやすくなる。

DDに使える時間と労力はあくまで有限である。迅速に適切な判断をするためには、ディール価値を左右しない項目の調査に必要以上の時間を割くことはマイナスとなる。

もちろん、DDの内容によっては初期仮説は進化し、場合によっては大きく変わる可能性もある。あくまで仮説は仮説であるので、都合の良い事実だけを恣意的に選択してしまう（確証バイアスとも呼ばれる）ことを回避することは非常に重要である。ストーリーラインに影響を与えない調査結果を羅列するよりも、仮説を確認あるいは反証する材料を見極めながら推進することで、余計な労力を避けながら有効な調査、分析作業を積み重ねられる可能性が上がる。

実際のプロセスに入ると、特に対象会社へのデータリクエストや質問は詳細なものになりがちである。ビジネスDDにおいては、PEファンドのやり方を参考にするのも一つの手である。PEファンドはDDにおいて、必要なデータや分析の優先順位を明確にし、対象会社の投資ストーリーが成立するかどうかとの紐づけを強く意識しているからである。

主要なバリュードライバーを特定し、DDからこれらのドライバーに関する洞察を追加で得たら、新しい情報をターゲットのバリュエーションにも反映させる。市場成長の見通しやターゲットの市場ポジショニングに関する見解の変更は、バリュエーションモデルの予想収益に影響を与えるはずである。ターゲットの事業に対する詳細な理解が進めば、期待できるシナジーの規模を更新することに繋がる。このような場合にも、バイアスを避けることが重要である。M&Aの経験が豊富な外部アドバイザーを活用すると、例えばターゲット企業から提供された業績予測を市場に関する見立てと比較することで、ターゲットの事業計画の信憑性の評価が高まる。更に、このようなアドバイザーは、他のディールにおけるシナジー効果の大きさについて豊富な経験を持っており、シナジーの特定と規模感の推計における過大評価を避けるのにも役立つ。

一方で、価値向上の方策については、ある程度の網羅的な検討が重要である。広くシナジーを検討しているからこそ、その中の大きなものや総額を左右する項目を理解でき、作業の優先順位付けが功を奏するのである。また、買収後にシナジーは改めて全て実現するような動きをするべきであり、一度網羅的にシナジーの可能性を洗い出すこと自体は無駄な作業ではない。

最後に、ディールの価値を左右する重要な要素の一つとして、企業文化の理解はDDフェーズから始めておくべきである。文化の類似性・相違性がそのままディールの価値に紐づいて定量化できるわけではない。しかし、シナジーやガバナンスの実現に際して、企業文化は大きな「増幅効果」を持つのである。つまり、企業文化をうまくハンドルできれば、実際に実現できる価値やシナジーは想定の何倍にもスムーズになり得る。一方で異なる文化の企業とのＰＭＩに苦労する場合、計画していたシナジーはおろか、対象会社の既存事業の勢いも削がれてしまうリスクがある。ＰＭＩを見据えて、企業文化の違いを理解し、ＰＭＩがどの程度困難になるのか、どのような形で買収後の企業文化を作っていくのか、検討を始めておくことは大変重要である。

企業文化においてよくある誤解が、「企業文化が合わない相手とはM＆Aできない」という幻想である。買い手とターゲットの企業文化は、一見似ているように見えていても、細かいところでは異なるものである。また、異なる企業文化がターゲット企業の成長力の源泉であり、自社に取り入れるべき要素であることもある。各案件でどのように企業文化を扱うかはケースバイケースであるが、ＤＤ段階からＰＭＩのアプローチを思い描いておく上で重要な要素である。

ＰＭＩで企業文化をどのように扱うかは、次章でより詳しく紹介する。

③ディール後にも学びやプロセスを体系化し、その後のM＆Aの成功確率を向上

ディールプロセスで得た学びを次回以降のディールに活かすことは、定常業務として行っていく必要がある。M＆Aを一過性のイベントではなく組織能力として捉える、というのは、本書を貫くテーマである。ディール遂行においても、経験を組織知に昇華させることが必要である。

プレイブックの作成は、M＆Aの経験豊富な企業の多くが行っていることである。

概ね有効で推奨するアプローチではあるが、過度にプロセス重視になったり、複数の異なる種類のディールに適用できない細かさになったりすると、かえって正しいディール判断を難しくする恐れもある。よいプレイブックは、処方的なチェックリストや稟議書の詳細な書式規定ではなく、検討すべき主な原則を網羅し、また、その企業特有の「組織の癖」による落とし穴に対して予防線となるものである。

我々が見たプレイブックの例として、日本の大手金融会社のケースを紹介する。ディール執行後、M&Aチームは各メンバーに書面で当該案件からの学びを記載・共有させた。例えば、SPA（株式譲渡契約書）の交渉を統括した者は、SPA交渉の要点や学びを記録する。買い手と売り手の間で最も激しく議論されたのは契約のどの部分だったのか、各当事者にとって交渉の余地がなかったのは何だったのか、そしてどのようにして互いに満足のいく結果にたどり着いたのか。あるいは、プロセスにおいて、例えば法務部で管掌しているリスク把握について、法務部とM&Aチームがどのように連携すればよかったかといったことを追記する。更に、ICの運営についての学びや、チーム体制の学びも有効である。

もちろん、M&Aはマニュアル化だけでディールの実行が盤石になるような性質のものではない。プレイブックに加え、適切な体制や人材も必要であり、かつ組織の慣れも成功確率に影響する。体制については、ディール遂行において専門性や社内のコーディネーターとしての動きを提供するM&Aチームが、適切なケイパビリティを有する人材によって構成され機能していることが重要である。そして、事業部門や間接部門においても、M&Aを複数案件担当している等経験のあるメンバーが十分にいることも担保したい。組織の慣れについては、なるべくプログラマティックなM&A活動を運用し、ディールの実践の中で知見を蓄積していくのである。

特に組織としての経験値が不足している場合は、社内のリソースに加えて、外部のアドバイザーをスキルのギャップを埋めるために活用するのも一案である。客観的な視点や当該業界の知見に加え、ディール実行プロセス中に社内チームのキャパシティが限られている場合にはサポートを期待することもできる。

体制と経験の間には相乗効果が期待できる。適切なケイパビリティを有するM&A人材を外部から招聘し、ディールを推進するエンジンを強化することで、案件のペースを上げ、専門人材の離職を防ぐことができる。M&Aのエンジンとなるチームの拡充と、追求するM&Aテーマの数や期待する案件ペースの増加を、並行してバランスを取りながら行っていくのが理想である。

DDフェーズ後のディール実行に関する注意点

本節では、DDフェーズ後の交渉フェーズに関する注意点について述べていく。DDフェーズにて価値創造に最も影響があり得る要素を特定・調査した結果、得た知恵を交渉フェーズにて価格およびSPA（株式譲渡契約書）に反映することが次のステップである。交渉フェーズは、現場の作業は実務チームが中心となる一方、ディール成立の重要なステージである交渉においては実務チームでは折り合いがつかず、経営陣に判断が求められるケースも少なくない。ここからは、大きく3つの領域に分けて経営陣が留意すべき、意思決定者でなければ対処が難しいポイントを解説する。

①バリュエーション

M&Aバリュエーションの合理性を説明するのは経営陣

企業価値評価の手法は多岐にわたる。DCF法、類似企業比較法、類似取引比較法がよく活用されるが、上場企業であれば市場株価法、ディストレス系案件であれば清算価値法や再調達原価法といった手法も用いられる。2022年1月から2023年

図表27　フットボールフィールドの例

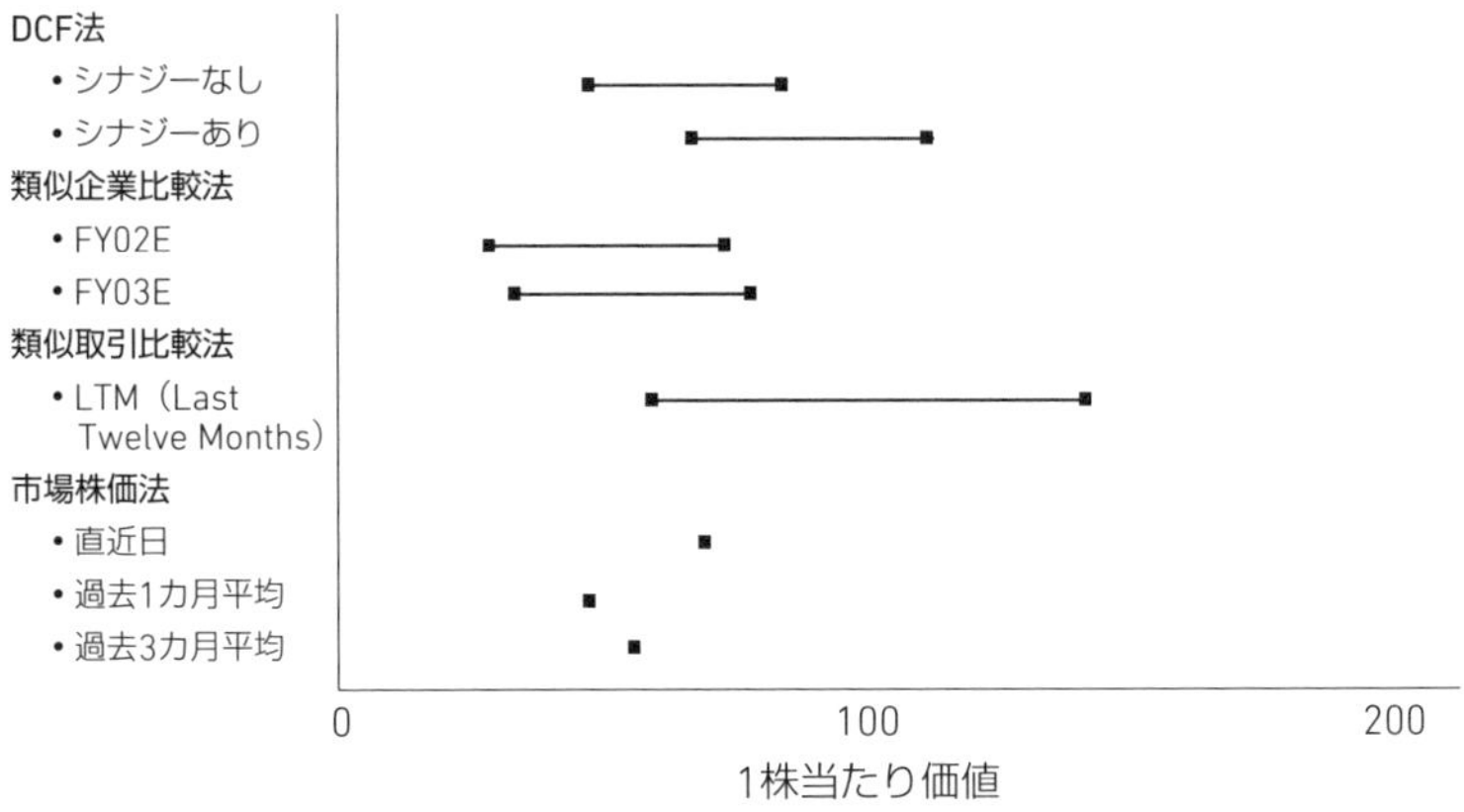

9月の主要な国内ＴＯＢ案件のうち、取得可能な公開買付届出書によると、49％が３つ以上の価値算定手法を用いて対外発表している。

投資銀行や証券会社など、ＦＡを起用した場合、実務的にはＦＡがこれらの手法を用いた企業価値算定を実施するため、経営者がこれらの手法の詳細までを理解する必要性は限定的である。しかし前述したように、経営陣においては本ディールの算定価格の合理性を取締役および株主に対して説明する責任を有する。

まず、鍵となるのは複数の手法を用いる点である。図表27に記載の通り、いわゆるフットボールフィールドと呼ばれるチャートに各手法における想定レンジを記載の上、適正水

図表28　バリュエーション手法ごとの水準感の関係性

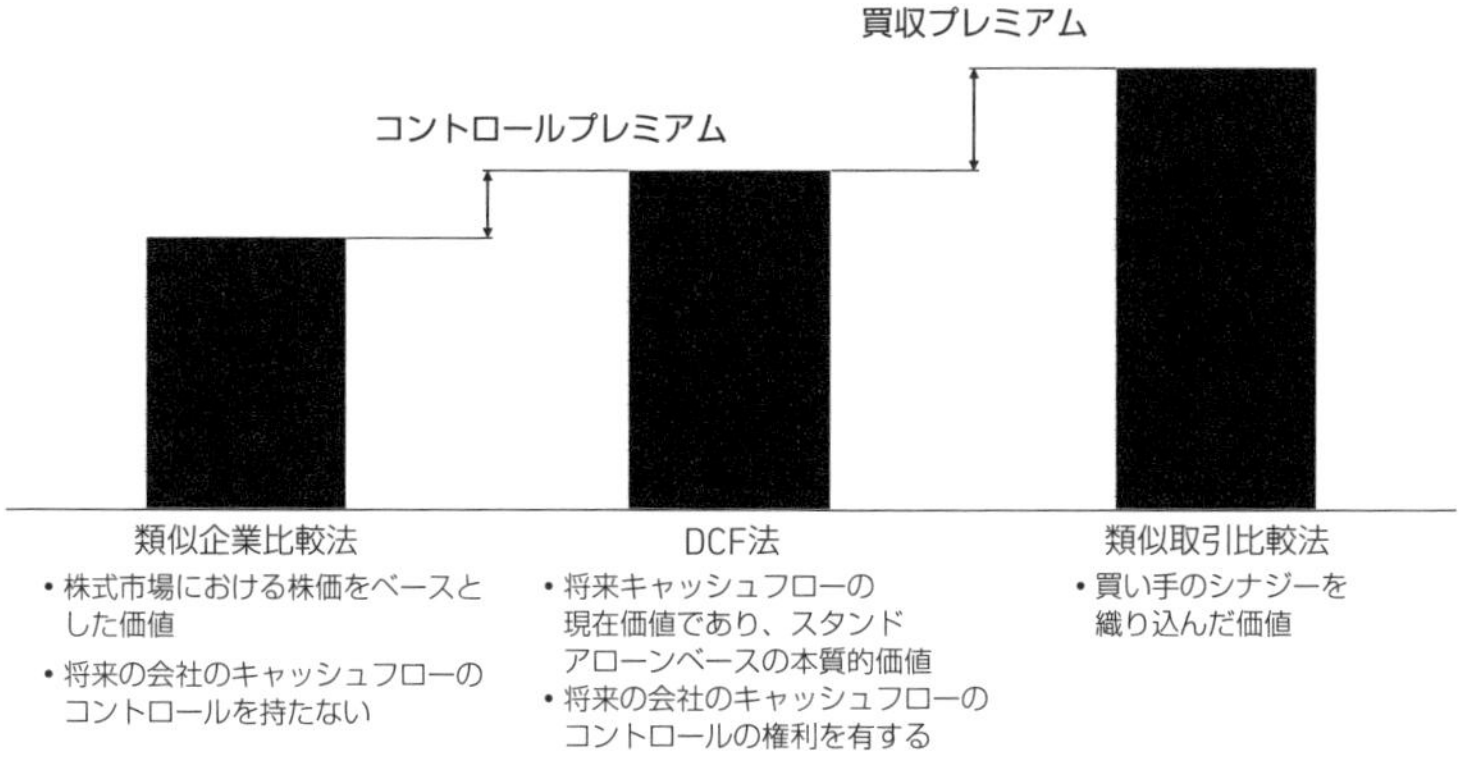
買収プレミアム
コントロールプレミアム
類似企業比較法
・株式市場における株価をベースとした価値
・将来の会社のキャッシュフローのコントロールを持たない
DCF法
・将来キャッシュフローの現在価値であり、スタンドアローンベースの本質的価値
・将来の会社のキャッシュフローのコントロールの権利を有する
類似取引比較法
・買い手のシナジーを織り込んだ価値

準を議論することが一般的である。

尚、よく活用される3つの手法であるＤＣＦ法、類似企業比較法、類似取引比較法の関係性は図表28のようになっており、本質的な価値であるＤＣＦ法による企業価値（シナジーなし）からコントロールプレミアム分がディスカウントされたのが類似企業比較法の価値、ＤＣＦ法に買収プレミアム（概念的にはコントロールプレミアムを含む）が付与されたのが類似取引比較法の価値となる。ＤＣＦ法は多くの仮定を置いて算出されており、主要な仮定の前提（例：ＰＧＲ（永続成長率）、ＷＡＣＣ、最終年のＥＢＩＴＤＡに掛けるマルチプル等）については経営陣がなぜその数値が妥当なのかをしっかりと理解しておくことが肝要である。また、類似企業比較法においても、適用マルチプル水準がな

ぜ妥当なのか、それは過去の推移で見ても合理的な水準なのか、参照している企業は純粋に対象事業のみなのか、それともノイズが入っているのか（大抵の場合、純粋な比較企業が見つかることは稀）といった、上場企業であれば、想定される投資家からの質問にしっかりと回答できるようにしておく必要がある。

補足的だが、経営者としてマルチプルによるバリュエーションを議論する際には常に「いつの時点の収益や売上に対するマルチプルなのか？」を意識する癖をつけたい。ＥＢＩＴＤＡマルチプルやＰＥＲのように、マルチプルの分母がフロー（ＰＬ項目やキャッシュフロー項目）となる場合は、そのフローの時点が過去12カ月実績（ＬＴＭとも呼ばれる：Last Twelve Months）や直近年度実績なのか、それとも今期の予測値や来期の予測値なのかによっても異なる。

また、ＤＣＦ法でのバリュエーションにおいては、複数のシナリオを用いて算定することが望ましい。現行の市場状況・競合状況が続くシナリオに基づいた事業計画を「ベースケース」とした場合、想定シナジーが大きく創出できる前提を置いたり、市場環境が好転するといったアップサイドシナリオを織り込んだ事業計画を「アップサイドケース」、市況が悪化したり、想定シナジーがほとんど創出されないといったダウンサイドリスクの発生を見込んだ事業計画を「ダウンサイドケース」とし、前述のフットボールフィールドに追記する。これにより、支払い可能額の最大値がどの程度なのか、最もリスクが発生した場合の価値毀損がどの程度なのか、といったことが見える化できる。ここでどのケースを採用するにしても重要となるのが“What you need to believe”という観点である。将来の外部環境（規制変更、国際情勢、為替、金利など）を100％予測することは不可能であるし、対象会社の自助努力で改善できるオペレーション（原価低減や価格転嫁、販管費の効率化など）もまたDDの時点で100％の確度を持ってバリュエーションに織り込むことは不可能である。その時に、何の前提条件に対してリスクを取っているのか、その発動条件が“What you need to believe”である。そして、それが何かを明確に言語化しておくことが経営者としては重要である。例えば、自動車部品メーカーの買収の場合は〝EV化が進んだとしても特定市場においては一定程度、当該部品使用製品の需要が継続する〟であったり、眼鏡メーカーの買収の場合は〝今後、技術革新があったとしても日本の人口のXX％以上は視力矯正手術を受けない〟、といったものがそれにあたる。

買い手と売り手のバリュエーションは大きな乖離からスタートすることを認識する

M&Aの価格交渉は大きな乖離からスタートするのが通例である。売り手は本来許容できる価格水準よりも高い水準で交渉をスタートさせ、買い手は本来許容できる価格水準よりも低い水準で交渉をスタートさせる。最初の乖離幅だけを見ると、ほとんどの人が「このディールは成立しない」と思うだろう。しかし、ここからお互いの目線合わせが始まる。相対案件の場合、比較的対等な関係での価格交渉が始まるが、オークションプロセスにおいては、売り手側が複数の買い手候補を意図的に残すため、売り手側がバーゲニングパワーを有することが多い。売り手側が「今日、別のビッダーが高い価格を提示した。明日までに価格を上げないと御社はプロセスから外れるだろう」といったコミュニケーションをFA経由で実施することも多い。

通常、こういった交渉は実務チームどうしで対応するが、差し迫った価格上昇要求等については緊急性の高い意思決定として経営陣が判断を求められることも少なくない。その際、バリュエーションの背景や合理性を経営陣が理解していれば正常な判断ができるものの、そうでない場合は、時間がない中で実務チームにバリュエーション算定結果をゼロから確認したり、経営者の理解が曖昧なまま判断をしてしまい、結果として案件を逃がすことや価格を高く出しすぎることもある。

特に買い手側におけるM&Aの意思決定は突然に求められることが多い。売り手側は意図的に「明日までに価格を上げないのであれば別のビッダーと独占交渉に入る」

といったコミュニケーションを行う。これはオーバープライシングを狙っていることが多く、実は案件を逃すには至らないケースも多いのだが、目の前のディールがなくなるという焦燥感から、買い手候補の経営者は売り手側の狙い通りの行動を取ってしまうこともある。このような状況に陥らないためにも、経営陣はウォークアウェイ価格の水準や条件を自ら決定しておく必要があり、売り手側からそれを超える要求があった場合には勇気を持ってディールを諦めることも重要である。特に実務担当者はディール中ではそれまでにかかった労力や費用が頭にあるので、ディールを諦めるという判断がしにくい状況にあることが多く、撤退は経営者のトップダウンでの判断が求められる場合が多い。「勝者の呪い（Winner's curse）」が普遍的に存在する構造であるオークションプロセスにおいては尚更この原則が重要である。

価格乖離分をSPAで担保

大原則として、M&Aの交渉は互いが妥協しあえる中間点を模索するものであると言える。どちらか一方が全て満足な帰結に持ち込むことは極めて稀である。お互い必ず妥協しないといけないポイントがあり、あるポイントを譲ったら、別のポイントは譲ってもらう、といったGive and takeの交渉の連続である。

このゲームの性質を踏まえると、経営者としては、M&Aにおける各交渉項目において、どこまでは譲れて、どこからは譲れないのかという境界線を事前に決めておく必要がある。新たな交渉項目はM&Aプロセスの中でほぼ毎日発生する。その全てに対して経営者判断が求められるわけではないものの、インパクトやリスクの大きな項目については、経営者判断が必要となることが多い。

バリュエーションの差分の話に戻ると、どうしても価格乖離分が縮小しない場合、当該乖離分をSPAやSHA（株主間契約書）において担保することも検討するべきである。但し、SPAやSHAでの対応においても、譲れないポイント（SPAではCP条項やキーマン条項など。SHAでは全会一致事項や拒否権の割り当てなど）は常に明確化しておき、譲れる範囲内でSPAでの手当てを行うというのが大原則である。SPAについては次節でも解説する。

例えば、ある国内M&A案件において、買い手と売り手がどうしても譲渡価格で折り合えなかった。買い手は1株当たりの譲渡価格に社内での上限が存在し、その水準以上の価格での取引は不可能であり譲れないポイントであった。一方、売り手は1株当たりの譲渡価格に対する強いこだわりはないものの、実質的な経済合意性に納得はできず、現在係争中の訴訟を大きなリスクと見ていた。そこで売り手は、1株当たりの譲渡価格は買い手の水準を受け入れることとし、係争中の訴訟についてはＳＰＡの表明保証（Representations and Warranties）の対象外とする、即ちリスクを買い手に移転することにより折り合えた。このような表面的な取引価格以外の要素とトレードオフをすることにより合意に近づけるというケースも散見される。

キャッシュフロー以外の現金・負債同等物の価値

キャッシュフロー以外の非事業性資産・負債や現金・負債同等物に対する評価・価値についてもＭ＆Ａにおいては重要なトピックとなる。ＤＣＦ法や類似企業比較法等を用いて算出した企業価値（Enterprise Value）をベースに「エクイティ・ブリッジ」と呼ばれる正味現金・負債同等物の調整を行い株式価値（Equity Value）を算出する。

エクイティ・ブリッジの構成要素として、対象企業が保有している現金や有価証券は明確だが、他にも繰越欠損金（ＮＯＬ：Net Operating Losses）のように、事実上キャッシュ同等物となるものも多い。ＮＯＬを目的とした買収を行う企業も一定数存在し、ある国内大手エネルギー企業の買収検討案件においては、取得後にグループ通算制度に入れることを前提に、買収後５～10年間の税メリットが存在し、企業価値は数十億円であったにもかかわらず、買収提示価格は数百億円だったという例も存在する。

一方、負債同等物においては、銀行のタームローンや発行済社債のような明確な負債に加えて、係争中の訴訟における潜在的な損害賠償額等も負債同等物となる。係争中の案件の状況にもよるが、敗訴する可能性が高い場合、負債同等物と見なし、これをＳＰＡの表明保証に織り込むか、負債と見なして株主価値から差し引くかといった交渉となる。ＳＰＡの節においても触れるが、最終的にＭ＆Ａにおける全てのリスクを取り除くことは難しいため、各リスクの許容の可否を明確にしておく必要がある。エクイティ・ブリッジの重要なポイントとして、単純に事業資産のみを持つ企業はほぼ存在せず、ターゲットの株式を取得することは、非事業資産も含めたパッケージを取得することである点を認識しておきたい。

②ディールストラクチャーおよびＳＰＡ交渉

買収と合併は全く異なる

Ｍ＆Ａにおけるディールストラクチャーの決定には様々な要素が絡み合い、一筋縄

図表29　対等合併の際のマネジメント間の主要論点

社名	• 新会社の社名。統合2社の名前を並べる場合、どちらが先にくるか。英語の場合は逆順とするたすき掛けオプションも存在
ブランド	• 統合新会社のブランド。併存オプションも存在
本社所在地	• 新本社の所在地。どちらの現本社を新本社とするか。全く新しい土地にすることもオプション
取締役構成	• 取締役の人数および人選（特に出身者）。対等な構成とするのか、どちらかが過半を占める構成とするのか
統合ストラクチャー	• どちらが存続会社となるのか。TOBのような親子関係を経てから合併するのか
労働組合の取り扱い	• 一方に労働組合が存在し、一方に存在しない場合には容認の是非が論点となる
統合比率	• 合併時の合併比率をどう考えるか。特に上場企業どうしの場合、株価比率とするかどちらかにプレミアムが乗る形にするか
株主還元方針	• 統合2社間の株主還元方針が異なる場合、どちらに合わせるのか。ステップバックすると、どのような資本戦略を採るのか

ではいかない。極端な例だが、リーガルアドバイザーは法務的に最もリスクが低いストラクチャーを提案し、税務アドバイザーは最も税効果が望めるストラクチャーを提案し、会計アドバイザーは最も財務インパクトの軽微なストラクチャーを提案することも珍しくない。一方、買い手はFAと相談の上、自社にとって最適なストラクチャーを決定する必要がある。経営者の立場においては、細かいストラクチャー上の論点（例：税制適格組織再編や略式組織再編など）は実務メンバーに委任することになると思うが、大きなストラクチャーの枠組みについては、経営者判断が必要、もしくはしっかりと認識しておく必要がある。

一つの例として、買収と合併の違いを明

確に理解していない経営者も多い。両者は全く異なるM&Aの類型である。買収は株式取得行為であり、完全子会社化は親会社が子会社の株式を100%保有し親子関係を構築するものである。買収は2つの別法人が株式の保有関係で繋がっている形態である。日本国内において法人に対する納税は法人単位となるため、買収の場合はあくまで親子それぞれが別々に納税を行う（但し、グループ通算制度といった仕組みは存在する）。一方、合併は会社法における組織再編行為であり、有機的に二つの企業が一体となり、一つの法人格となることである。法人納税においても合併した場合は一つの法人格として納税する。合併する場合、最も一般的な吸収合併であれば、非存続企業の株主に対して存続企業の株式を割り当て、その対価として非存続企業の株式を存続企業が受け取り、それを消却することになる。特に、対等合併のケースで、日本企業ではどちらが存続会社となるか、本社の登記はどちらにするか、新社名の順番はどちらを先にするか、といった本質的ではないポイントにおいて白熱した交渉が展開されることも珍しくない（こういった論点は経営者へ判断が委ねられるケースが多い）。

日本企業においては、先代から引き継がれた伝統や名前を後世に繋げることにこだわりを持つ経営者が多い。もちろん、軽視できないポイントではあるが、本当にこだわりぬく必要のある論点なのか、中長期的な視点で考え直すことが必要かもしれない。

ＳＰＡはＭ＆Ａディールそのものであり、経営者の腹落ちが必須

ビジネスＤＤ、会計ＤＤ、法務ＤＤ、税務ＤＤ、バリュエーション、エクイティ・ブリッジ算出、表明保証等、これまで実施してきた全てのＭ＆Ａアクティビティを包含して言語化されたペーパーがＳＰＡ（株式譲渡契約書）である。ＳＰＡは対象株式の売り手と買い手の間で締結する法的拘束力のある（Legally bindingとも呼ばれる）売買契約書で、Ｍ＆Ａディールの全てが凝縮されている。

ＳＰＡにおいて合意する主要な項目を図表30に記載している。例えば譲渡価格にはバリュエーション算定後にエクイティ・ブリッジを経て算出し、売り手と買い手で合意された株式譲渡価格を記載し、クロージング日およびクロージングの条件を記載する。その後、クロージングの前提条件を記載するのだが、ＣＰ（Condition Precedent）条項は経営者として一読しておくべきポイントである。ＣＰとは、当該Ｍ＆Ａディールが完了するまでに充足されるべき条件である、関係各国政府が本件取引や事業をイリーガルと見なすような動きが発生しないこと、各国公正取引委員会における独占禁止法クリアランスを取得すること、買収企業側の資金調達が完了される

図表30　SPAにおける主要項目

株式譲渡価格	• 1株当たりの譲渡価格を記載、企業価値評価は過去の一定の時点の財務情報に基づき実施されることが多く、株式譲渡の実行時（クロージング）との差分については事後的な調整が必要となる
前提条件（CP）	• クロージングに関する売り手および買い手の義務履行に関する前提条件。この前提条件が充足されない場合、原則としてクロージングが行えないこととなる。
表明保証（レプワラ）	• 株式譲渡契約書に記載の事項が真実かつ正確である点を相手方に表明し保証する。簿外債務の不存在や、法令等の遵守が含まれる
誓約事項（コベナンツ）	• 株式譲渡に付随して、各当事者が一定の行為の実施・非実施を約束すること。表明保証は特定時点（クロージング日等）での対象会社の状況確認である一方、誓約事項はクロージング前後の期間が対象となり、競業避止や雇用維持義務も含まれる
補償（インデムニティ）	• 表明保証違反や誓約事項違反があった場合に損害賠償・補填するものである。補償金額、補償期間等が定められる。近年は、表明保証保険の活用も散見される

こと、などが挙げられる。尚、ＣＰは独立したセクションにまとめられることも多い。

売り手側の表明保証においては、ＭＡＣ（Material Adverse Change）条項という、重大な悪影響がある場合の損害賠償に関する条項を入れ込むことになる。ここでしっかりと契約締結後買収完了までの対象企業のパフォーマンスを担保することが重要である。例えば、この期間にクラウンジュエルのような資産売却を行わない、配当をしない、大きなＭ＆Ａや第三者との大きな契約を実施しない、といった、対象企業の価値が大きく変化するようなアクティビティを制約することが肝要である。

競業避止についてもＳＰＡで定義されることが多く、Ｍ＆Ａ成立後、売り手が同じ業務を行わないという競業避止義務が、誰に対してどの程度の期間発生するのかを、細かく規定する必要がある。当然売り手側は短期でスコープを絞った書きぶりにしてくるのに対し、買い手側は長期に幅広いスコープ（ジェネラルな表現で汎用な解釈を可能とする）を企図した書きぶりにする場合が多い。

最後に、ＳＰＡにはキーマン条項と呼ばれる、売り手のキーとなるマネジメント人材を一定期間残留させる条項を入れる場合がある。誰を、どのような理由で残し、どのようなインセンティブを付与するのか、といったＰＭＩを見据えた判断がこのＳＰＡの段階でも必要となる。

「Ｍ＆Ａは同床異夢」を理解する

前述のとおり、ＳＰＡにおいて双方が合意できるポイントが存在するということは、同床異夢が起きていることになる。即ち、売り手よりも買い手の方が高い価値になると判断している要素が必ず存在するはずである。それが何なのか、なぜ売り手が売却する価格よりも自社は高い価格を提示しているのか、を明確に理解することが、高値掴みを回避するポイントである。

売り手が対象会社に対してどのような見立てを持っており、そのうちどのポイントに異夢が発生しているのかを推察することにより、売り手が信じておらず、買い手である自社が信じていること（What you need to believe）は何なのかを理解したい。また、自分たちが信じていることが、どのようなファクトおよびロジックに裏付けられているのかを明文化することが肝要である。

そのためのファクト分析は入念に実施するべきであり、客観的視点である外部アドバイザーの起用を行い、M&Aという夢に対して感情移入せずニュートラルな状態で経営者としての判断を行う必要がある。例えば、「なぜこんなに素晴らしい事業をこんな価格で売却しようとしているのか全く分からない、本当にお買い得なディールだ」と思うようなディールは必ず重大な見落としがあるはずで、DDも足りていないと想定すべきであろう。

対象会社とのコミュニケーションでは「交渉」と「関係性構築」の両方を意識

SPAの交渉において必ず「テーブルの反対側の存在」となる売り手およびターゲットであるが、コミュニケーションにおいて経営陣として注意が必要なポイントは多い。例えば、売り手（オーナー）とターゲットが異なる場合は、売り手とは「交渉」、ターゲットとは「買収後の関係性構築」を目指したコミュニケーションが意識される。一方、上場会社どうしの合併や共同株式移転など、売り手とターゲットがほぼ同一とみなせるM＆Aにおいては、コミュニケーション上の注意が必要である。例えば、合併比率を交渉する上では、それぞれが自社株主の株主価値最大化に対する善管注意義務を有しているため、譲れない交渉が続き、利害関係の異なる立場となる。しかし、合併後に経営パートナーとなることを踏まえると、感情的だったり不親切な対応は避け、建設的に落としどころを探りながらディールを着地させていくというマインドセットが必要である。お互い難しい立場にあることが分かっているため、互いの真摯な対応から信頼関係も深まり、合併後の円滑な事業運営の素地ともなるだろう。ある国内大型再編M＆Aにおいては、対等の精神での合併が意識されていたため、片方の経営陣は常にミーティングの相手ごとに、NGワードが設定され、コミュニケーションに細心の注意が払われたケースもある。感情のこもったディールであるほど、うっかり失言してしまうケースもあるが、極力回避するべきである。

③対外コミュニケーション

対外発表前には経営者が腹落ちしたストーリーラインを語れる準備を

M&Aの発表時には、経営者が中心となって対外的にコミュニケーションを実行することになる。まずは、発表時のプレスリリース、各種届け出資料、アナリスト説明会、メディア説明会といった一連の発表資料にくまなく目を通し、矛盾がない一貫したストーリーラインになっているかを経営者の目線からも腹落ちする必要がある。その上で、想定される質問を徹底的にリストアップし、回答案を準備する。実務チームが全ての質疑対応案を準備して経営者は前日にそれを読み始めるといったケースも散見されるが、公の場で回答ページを探したり、回答のコミュニケーションの切れ味が悪く、投資家を不安にさせることも少なくない。経営者が自ら回答案を一緒に策定し、自信を持って端的に回答できるような準備が望ましい。

シナジーの発表も意識したいポイントである。日本企業ではM&A発表時のシナジーの説明が曖昧なケースが散見される。「この買収を実施することによるシナジーは何で、インパクトはどの程度、いつ発生するか」といった質問を投資家から受けた際に、簡潔に説明できるかどうかが大事である。２０１０年から２０１９年に発表された5億ドルを超えるＭ＆Ａディールにおいて、欧米では25％程度のＭ＆Ａ案件において定量的なシナジーの目線が発表されている一方、日本において開示されているのはわずか５％に留まる。売上シナジーがメインのディールや異業種のスタートアップの買収など、シナジーの定量化が困難な場合もあるので一概に数字で発表すべきだとは言えないが、シナジーの発表について意図を持った開示をすることは必要であると考える。

２０２２年1月から２０２３年9月までの日本企業によるＴＯＢ98件の公開買付届出書を見てみると、まず47％の46件についてはシナジーの説明自体がなされていない。また、シナジーの記載がある場合においても簡潔に定量的な要素を含めた説明等は極めて限定的であり、長文でポイントが不透明なケースが多い。Ｍ＆Ａのシナジー効果については一言でシンプルに表せるほど分かりやすいものであるのが望ましい。Ｍ＆Ａによって獲得するものは、全社戦略・事業戦略における自社の「あるべき姿」と現状のギャップを埋める「ケイパビリティ」である。このケイパビリティと自社を一緒にしてどのような価値を創造、するのか。この明確なストーリーが確認されないと資本市場に失望される結果になる恐れは否めない。

アクティビストを含めた様々な株主の反応を想定しておく

ディールの発表の際、仮に聞いているのがアクティビストであれば、どのような反応・行動をするのか、海外機関投資家や個人投資家であればどうか。このように異なる株主層における想定アクションを準備しておくのも重要である。特にTOBのような公開案件の場合、アクティビストがTOB発表後に持分取得し、より高値での取得を要求するといった可能性も存在する。ここでは過去事例より各アクティビストがどのような動きをするのか、どのポイントを指摘してくるのか、について入念に準備を行い、万全の状態で発表に臨みたい。

メディアとの関係性も大事

経営者になると、メディア各社との繋がりは増えてくるであろう。こういったメディアと常日頃から良い関係を構築することが対外コミュニケーションにおいては意外と大事である。この関係がうまくいっていない場合、記事等でネガティブな箇所をハイライトして報道されてしまう企業もいる。特にランドマークな案件やTOB案件においては世論を味方に付けられるかどうかが成功の鍵となるため、常日頃から経営者レベルがメディアとのリレーションを良好に保つ必要がある。

まとめ：投資命題に即したディール実行を担保する

DDフェーズを中心に、本章では、ディール執行時における主要な落とし穴を見てきた。そして、経営陣としてどのように落とし穴を回避するかについても論じた。重要なのは、ディールごとの投資命題が明確に存在し、それに沿った活動に注力する体制とプロセスを経営陣が構築することである。ディール・フィーバーを回避し、延々と詳細な論点に疲弊せず、価値創造に関する主要なレバーや主要なリスクにリソースを注力する。このような運用の成功事例を積み重ねることで、プログラマティックM&Aの組織能力が構築されていくのである。更に、ディール執行の一部として、経営陣には買収価格やSPAについての判断が求められる。全社戦略と一貫性のあるストーリーラインを社内外へ伝達することも経営陣の役割であり、ディールプロセスの網羅的な理解が不可欠である。

第4章

PMI（買収後統合）

どれほど適切な投資命題に基づくディールも、ＰＭＩが最終的には成否を分ける。しかし、ＰＭＩに特効薬はない。日本企業の経営陣と対話すると、実はＰＭＩの苦い経験を持っていると明かされたことは枚挙に暇がない。そして、その失敗の原因は大抵一つではない。ＰＭＩの成功には、「Ｄａｙ１（ディールの取引が実際に完了する日を指す）」の遥か手前からの綿密な設計、体制整備、そしてターゲットとの信頼構築が不可欠である。特に経営層のレベルでの戦略的な方向性の一致や統合活動の原理原則の明確な合意は、現場任せではなく経営アジェンダとして最重要であると認識する必要がある。

ＰＭＩの失敗の根底に見える「甘さ」

ＰＭＩの失敗例について、クライアント企業の経営層と対話をしていると、必ずと言っていいほど「実は自分たちも…」と体験談が挙がる。特に海外でのＭ＆Ａ経験のある日本企業で、身近な例として失敗を経験していない企業はないのではないか、と思えるほどである。

その理由について、日本企業のＭ＆Ａ経験者との議論で出てくるのは以下のようなものである。

- 買収直後に、自社あるいは買収先の現業の勢いを維持できず、業績がすぐに予定水準を下回った
- シナジー実現のアクションについて、詳細な合意や計画策定が不十分であった
- 企業文化の十分な理解ができておらず、組織の動き方を効果的に融合することができなかった
- 統合後の計画を立てるのが後手に回り、統合の進捗がズルズルと遅れた

その他にも、シナジー実現のための一時費用が想定以上に膨らんでしまった、優秀な社員を社内に留めることができずに流出してしまった、あるいは十分な成果を上げていない経営層を変えるのが何年も遅れた、など様々な理由が挙がる。先に挙げた理由はディールの価値創造に直結しており、根源的にディールの成否を分ける可能性のあるものである。これら価値創造に大きく響く要素を十分に手当てしていくことがＰＭＩでは重要なのである。

例えば、米国のスタートアップを数百億円で買収したとある日系メーカーでは、シ

ナジーを明確にリストアップすることなく、場当たり的に日本側の開発リクエストにリソースを割くことを求めた。また、現業は基本的には現地の経営陣に任せ、業績計画がどのように組まれているのかも把握できていなかった。その後、当初予定していた業績が達成できなくなった際にも、どのような理由でそうなっているかを、本社でほとんど把握することができなかった。米国側のCEOは、自社のリソースが本社のリクエストや調査への対応に割かれていることや市況の悪化を業績不振の言い訳にしながら、本社へのフラストレーションを次第に露わにしていった。日本企業も、実態が把握できない焦りもあり、買収先への情報請求や説明要求を増やしていきながらも業績改善の手筈が具体化できず、価値毀損のリスクにさらされたままでいた。結果、業績悪化に両社の関係性の悪化も加わり、PMIの成功には大きな赤信号がともることとなった。

一方、逆の立場である、日本企業に買収された海外企業の幹部クラスから我々との対話の中で買い手の日本企業に対して「よく聞かれる苦言」を挙げる。

- **「現状維持」で放任しないでほしい**：日本企業の買収に期待するのは、本社の能力のフル活用と価値創造である。一緒に価値創造に取り組む真剣さが親会社

になければ、何のための買収だったのか

- **指揮系統が分かりにくい**：本社での決定権は誰が持つのか。なぜ合同の会議で決まったはずのことが、後から覆っているのか
- **中間層がディテールにこだわりすぎ**：管理部門が横から細かな情報開示ばかり求めてきて、本質的な課題を経営陣どうしで討議、解決する場がないではないか
- **外国人の天井**：お金の問題ではなく、この企業での要職や、よりグローバルに活躍できるポジションの可能性がないなら、ここに留まる理由はないのではないか
- **友好的なパートナーから冷徹なボス**：最初はにこやかに「そちらのやり方を尊重したい」と放置するが、少し業績が落ちると、突如としてトップダウンのコスト削減、約束していた投資計画の反故、細かな報告要求などを課してきて、我々への対応に一貫性が欠けているのではないか

先ほどの事例でも、買収先の幹部からは同様の声が聞こえてきた。また、現地の社長の業績評価の仕組みも買収時に再設計されておらず、幹部のＫＰＩも明確には定め

られていなかった。そのため、業績悪化やシナジー実現の遅延を前にしても、幹部の更迭といった人事権の行使ができず、そのまま長く業績悪化と縮小均衡に陥ってしまった。

このような例が、直接クライアントや日本企業と対話している中で、実に多く見られるのは非常に残念なことである。

マッキンゼーの欧米でのＰＭＩの支援やクライアントの事例を聞いていると、多くの日本企業とはＰＭＩに向き合う姿勢が違うのではないか、とどうしても考えてしまう。

そもそもＰＭＩというのは、非日常・非常事態であり、それが数年にわたって続く、という難しいものである。本当に組織的にＭ＆Ａのエンジンが機能している企業であるほど、自社にて確立した「型」を持ち、発展させることができる。

買収経験が豊富な米国やアジアの企業でも、日本企業や日本企業がカーブアウトした事業の買収を行う際に外部の専門家やコンサルタントを起用することは多い。彼らは、「日本企業については文化が鍵だから、文化については外部の専門家とタッグを組みたい」や「本件ではシナジーの早期実現が鍵となるので、そこは重点的に外部を含めたリソースをあてがい、ディール全体のＲＯＩを担保したい」とＰＭＩの成功要件を認識している。そして、成功を担保するのに自社に足りない部分を補う方策を取っているのである。M&A経験が深い企業であるが故に、PMIがいかに難しいか、また自社がどのようなところで躓く可能性があるかを強く認識しているのかもしれない。

PMIに特効薬はない。また、「買収先のやり方を尊重する故に何もしない」という方針で失敗を避けられるものでもない。消極的な姿勢ではなく、一つ一つの準備を方針策定から実行・効果測定まで、積極的に積み重ねることが肝心なのである。

本章では、数あるPMIの活動の中でも、特に経営陣として注力すべき要素を抽出して解説する。

クロージング前の統合準備は積極的に

PMIには、3つの目的があり、3つのフェーズがある。

1. **事業の継続性の担保**：Day 1を準備万端で迎え、顧客やサプライヤ関係含めた事業の勢いを維持する
2. **価値創造活動の徹底した実行**：シナジーを最速・最大に実現し、事業計画を

実現する

３.「新組織・新会社」の確立：組織設計、ガバナンス、人材、文化、プロセスを融合する

これらの目的から目を離すことなくディールとＰＭＩを推進することが経営陣には求められる。また、ＰＭＩには３つのフェーズがある。

- **第１フェーズ：**ディール発表前（ＤＤ〔デューデリジェンス〕実施段階）
- **第２フェーズ：**ディール発表からクロージング（Ｄａｙ１）前
- **第３フェーズ：**クロージング（Ｄａｙ１）後

この中で、実は特に重要なのは、多くのディールの場合はクロージング前のフェーズである。

ＰＭＩがうまくいかない事例に特に多く見られるのは、クロージング前の活動を最低限にして、「とりあえずＤａｙ１を迎えてからＰＭＩ計画策定を開始していきましょう」といった場合である。時には、「シナジーについてはまず１、２四半期は様子

図表31　統合マスタープランの一例（Day 1までの準備程度：中）

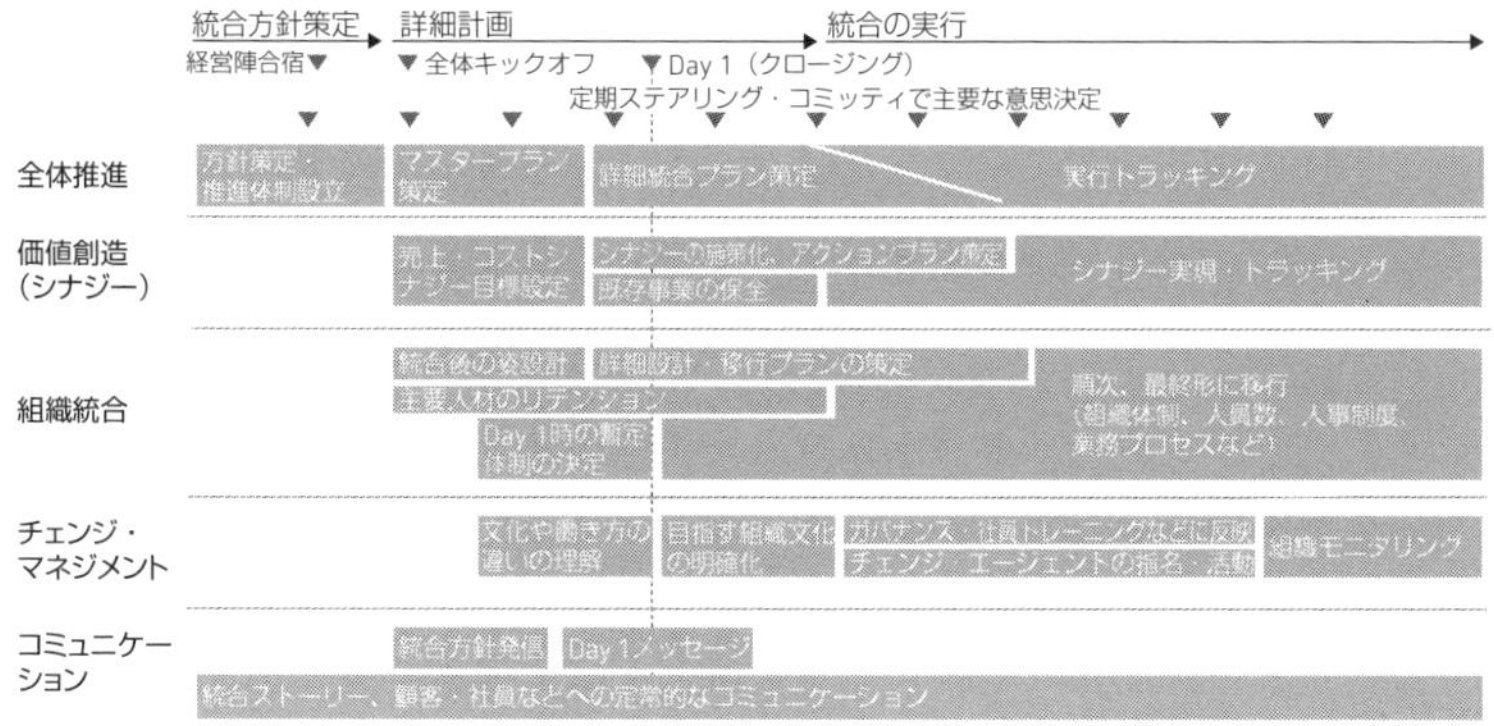

を見てから考え始めよう」というケースもある。

M&A巧者は、このクロージング前の期間を最大限に活用する。ここで、統合の方針から活動計画の青写真までを作り切りながら、Day1の準備を進める。そして、Day1になったら一気呵成にシナジーの実現や組織統合に動くのである。このようにすることで、バリューアップの実現を最速にするだけでなく、買収先の組織が感じる見通しのなさからの不安を最小限に抑えるのである。

実際のディールにおいては、クロージング前にできる活動には、いくつかの制約がある。まず絶対に遵守が必要なのは、法的な制約である。ガン・ジャンピングの規制がその最たるもので、一般的にはM&Aの手続きが完了する前

図表32　Day 1までの期間と方針のパターン例

ディールの種類とDay 1までの期間によってPMI準備の活動は変わる

短 ―― Day 1までの理想期間 ―― 長

方針		「現状キープ」	「人材第一」	「シナジー最速」	「最短で完全統合」
PMIの成功要件		対象企業を維持：重要な知的財産や人材等、対象企業に紐づく価値創出	対象企業を維持、または新企業の設立：人材の確保・流出阻止を第一義とする価値創出	買収企業をレバレッジ：短期的なコスト・シナジーの実現に基づく価値創出	新企業を設立、または買収企業をレバレッジ：長期的な戦略を推進すべく、組織の最終形態への迅速な移行（例：収益シナジー等）
Day 1および直後の望ましい状態	事業維持	従来の事業プロセスを維持し、通常通りオペレーションを運営（規制当局の承認、適切な顧客コミュニケーション等）			新しい社名、ブランド、SNS、新事業部等の立ち上げ
	シナジー	重要な知的財産や人材の維持並びに相互活用	対象企業の人材の確保・流出阻止	重複する機能・人員削減等によるコストシナジーの実現	売上・コストシナジーの施策化・アクションプランの策定
	組織文化	• 対象企業の組織文化を維持 • Day 1のプレスリリースでは、対象企業がスタンドアローンを維持することを表明	• Day 1に新企業の組織文化を一部紹介 • 従業員は自身の雇用形態、上司、役割等を認識 • 盛大な祝賀会を開催 • 新経営陣の就任	• Day 1では組織文化の融合は無し • CXOによるメッセージの発信 • 新しい経営幹部の紹介	• Day 1では新企業の組織文化を一部紹介 • 顧客に一つの事業として対応
Day 1までの必要期間		～数週間	～2カ月	～3カ月	～6カ月
PMI活動の強度		低（PMI計画は法務と広報に限定）	低（従業員の経験に焦点を当てたPMI計画が必要）	中（全ファンクションとクリーンチームに関する大幅なPMI計画が必要）	高（大幅な営業活動の設計、IT作業、クリーンチームが必要）

に、価格や顧客との取引条件などの情報交換や、買収先と協調的な行動をとることは禁止されている（ここでは法的な解釈や詳細は割愛する）。経営陣としては、そのディールにおけるガン・ジャンピングで規制される行為について、法務専門家の助言を得ながら把握して、規制が遵守されている点を担保する必要がある。と同時に、制約事項があるものの、実施可能な準備活動は多い。

　ディールの大きさや形態、各地域の規制当局の承認プロセスの進捗など、ディールごとに異なる要素によってＤａｙ１までの期間が大きく異なることは留意する必要がある。Ｄａｙ１までの期間がある程度見込まれる大型買収においてクロージング前と後の活動計画をマスタープランという形で示したものを紹介する（図表31）。このように、買収の発表からクロージングまで数カ月以上の期間が見込まれる場合、クロージング前に入念な準備が可能である。

その場合で準備を進められる事項の例を述べる。

- Ｄａｙ1、Ｄａｙ１００、最終形の達成事項
- 狙うべきシナジーの要素と金額感、実現のために必要となりそうなアクション例
- 統合後の組織設計
- 企業文化の客観的な理解と分析
- 社内外のステイクホルダーへのコミュニケーション

クロージングまでの時間軸はコントロールできるものではないため、各ディールの状況に応じた統合計画を立てる必要がある。実際にこのような統合マスタープランを

構築する際には、様々な要素を考慮することになる。各地の独禁法の審査・承認の時間軸と見通し、クロージングまでの期間、買収先の経営陣および従業員の統合準備への協力度合い、投資命題と必要なシナジー要素および時間軸、顧客やサプライヤ対応の必要性、事業の継続性に対するリスクや留意事項、システムや社内プロセスの類似度合い、企業文化の統合に向けた活動の必要性、人材計画・組織設計の複雑さ、従業員へ必要なコミュニケーションや見通し、など非常に多くの状況を加味することになる。更にカーブアウトなどでは、ＴＳＡ（Transition Service Agreement）という、買収後の移行期間中のＩＴシステム使用など、各種サービスの提供について買い手と対象企業の間で取り決める契約についても検討する必要がある。

反対にクロージングまでの期間が短い場合は、ディールのクロージング実行と最低限の準備に留まる場合もある。この中間のものも数多く存在するので、ディールによって、適切な目標値を定める必要がある。

ただ、いずれの場合も、Ｄａｙ１は必ずしも「ＰＭＩの準備を開始する」タイミングでもなければ終着点でもない。Ｄａｙ１自体はあくまでディールにおける通過点であり、最終的に目指す姿を達成することが本来の目的である。とはいえ、大きなマイルストーンであるＤａｙ１をどのような形で迎えるかは、その後の統合の精度とスピードに多大な影響を及ぼすものである。積極的にクロージング前の時間を活用することがPMI成功の重要ポイントの一つであることは意識して、早め早めのPMI設計と活動準備を敢行されたい。

更には、Day 1以降の主要なマイルストーンでの目指す姿も、PMI初頭に明確にしておくべきである。

PMI設計思想の明確化

買収の合意が見えてきたところで、まず経営陣やディールのリーダー一同で、PMIの設計思想を明確化するべきである。設計思想とは、大きく以下のような要素を包含する。

- **PMI全体としての統合方針の合意**：本ディールでの買い手と対象企業の距離感はどのようで、PMIをどの程度ハンズオンで行うのか
- **統合における最重要な意思決定事項とタイミングの把握**：統合後の事業や組織の方針や成否を左右する最も重要な10程度と、それに次ぐ意思決定事項は何で、それぞれをどのタイミングで決定するのか

- **PMI活動の原理原則の策定：**PMIのプロジェクトとしての進め方はどのような方針に則るのか、つまり、どのような原則に基づいて意思決定やプロジェクト推進を行っていくのか

PMIの設計思想が明確になっていれば、双方の経営陣およびM&A推進チームの間で共通認識を持つことができる。実際のPMIの現場に出ると、様々な手続きや活動、コミュニケーションなど、非常に多くの活動が同時並行で起こっている。その中で起きる多数の意思決定や議論において、全体の方針が定まっていないと、現場は混乱に陥ってしまう。また経営陣の間でも、大きな意思決定事項について、いつどのように決めるのかが不透明だと、特に買収先の経営陣は大きな不安を感じてしまう。このような理由から、全体の計画や方針が明文化されていることは非常に大事である。大きな意思決定について、また現場で揉めた際に、立ち戻れる原理原則を確立しておくことで、大きな混乱や手戻り、両社のすれ違いを避けるのである。

①PMI全体としての統合方針の合意

いわゆる、「統合のアプローチ」を明文化することである。まず、自社が買収者と

図表33　PMIの距離感と統合方針の型

買収側は買収目的に合わせてPMIを行う必要がある

関与しない　一部関与　強く関与　全面的関与

	財務投資型 金銭的リターン、ポートフォリオの多様化、技術への投資	戦略指揮型 新しい市場・技術・製品の獲得	戦略的統合型 成長プラットフォームとして新事業・技術をレバレッジ	統合運営型 シナジーおよび成長を通じた価値創造
財務・戦略	財務・戦略の見直し、承認	戦略の承認 財務指針の策定 大型設備投資の意思決定	買収側全社戦略に沿った戦略策定 設備投資の意思決定	買収側のガイドラインの完全順守
ガバナンス	一部の取締役会や委員会（例：監査、リスク）のみ関与	CEO、CFOおよび取締役会や委員会（例：監査、リスク、報酬）メンバーの指名	関連するBUや機能の主要な役職の指名	全ての取締役会や委員会、経営陣の指名
組　織	取締役会や委員会を通じた介入のみ	CEOのKPI設定、CEOの次階層のKPI承認 人事戦略の承認	全ての経営層のKPI設定 人事戦略の策定	BUや機能の完全な統合
オペレーション	アドバイスのみ、介入せず（例：ベストプラクティスの共有）	保健・安全・環境の指針を承認、必要に応じて具体的な本社機能を提供	戦略に基づいたBUや機能の統合	買収側のやり方の全面的な導入

して買収先に対してどのようなオーナーの類型であるかは確認するべきである。これはある程度、ディールの段階で明確にされているはずである。明確な分類はないが、ここでは４つのタイプに整理して議論していきたい。

統合運営型：自身が直接経営を行い、シナジーや成長にハンズオンで関わることで価値創造を行う方式。財務面や戦略面に全面的に関与するだけでなく、組織やオペレーションの統合を行い、両社で一体の事業として組み込み、運営していく。

戦略的統合型：自社の戦略的な方向に合致した企業を買収し、成長の柱とする。自社の既存事業との直接のシナジーも一部あり、そこを成長の足掛かりとして確立させていく。この場合は、買収する側の戦略とターゲットの戦略は密に連携することになるし、特に重複する機能や事業においては強い協働が求められる。故にガバナンスや組織面でも買収側の関与が求められるが、濃淡をつけた関与となる。

戦略指揮型：戦略的統合型よりも更に既存事業との距離のある買収で、対象企業自体の成長が主な価値創造の原動力になる。その場合は、基本的にオペレーションは対象会社に任せ、価値創造の結果責任を中心にガバナンスを敷いていく形になる。故に、戦略面、ガバナンス面、組織面ではKPIなど一部の管理に留まる。また、企業文化が買収先の成功要因の一つである場合は、その文化を尊重し、どの程度自社の文化と融合し、どの程度元の文化のよさを残すかは、非常に緻密な判断と実行が求められる。

財務投資型：この型は自社とのシナジーはほぼ求めず、買収先企業から金銭的なリターンを主に目的とした買収となる。親会社からの関与は最低限となり、いわゆるPMI活動はそもそもほとんど発生しない。事業会社による買収として、支払プレミアムを回収する公算が立ちづらく、本来は採択されにくい型だと言えるだろう。

まずはこの4つの分類に照らし合わせて、全体のPMI方針を固めるところからスタートする。この段階で、日本企業の悪い癖の一つと言えるのが、「対象会社の独立

図表34　PMIの進め方の合意項目の例

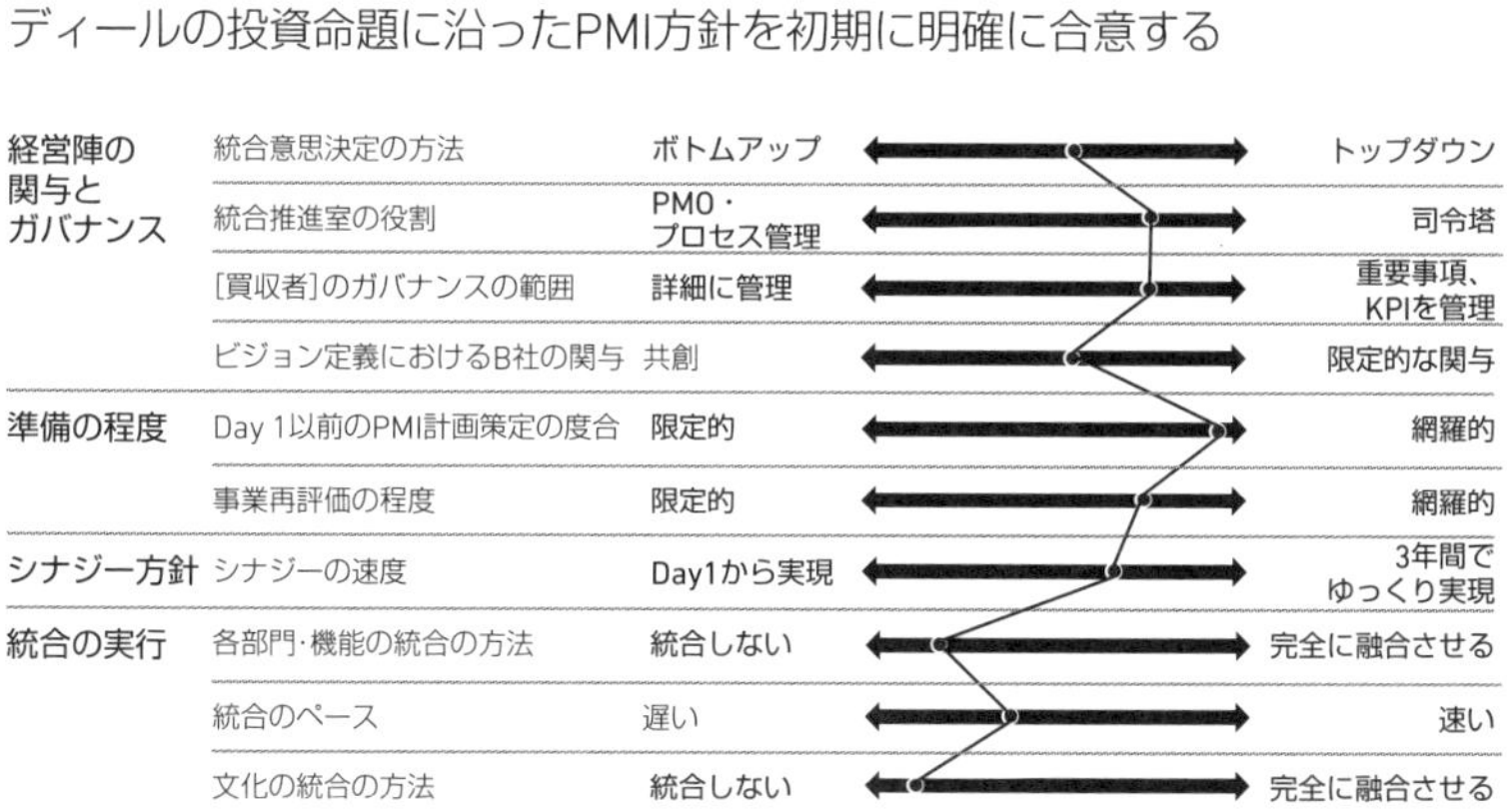

性の尊重」の名の下、本来あるべき形よりも距離の遠い方針から開始してしまうことである。例えば、本来は事業の重複や明確なシナジーがあるため、戦略的統合型のPMIを行うべきディールがあったとする。しかし、実際にディールが成約してみると、経営陣が戦略指揮型や財務投資型かのような距離感で接してしまい、PMI活動を推進しなかった場合を考える。このように、一歩目の方針を本来の案件の価値創造目的と掛け違えて始めてしまうとどうなるか。対象企業は、「期待したM&A効果とは違う」と戸惑うかもしれない。あるいはもっと悪い結果は、「自社の独立性をこのまま持続させて、独立国家のように介入されずに過ごせる」という期待を持たせてしまうことである。こうなると、途中

で、「あんまりシナジーも出ておらず、方針転換をして統合していこう」と思っても、実行は非常に難しくなる。鉄を熱いうちに打たなかったため、あるべき方針で統合を進め、対象会社の経営陣と適切なガバナンスや関係構築をする機会を既に逸しているのである。一度こうなると、正しい方針に変更するのは、ゼロから始めるよりも多大な労力を要する。はじめから統合方針を明確に定めることは必須なのである。

次に、統合活動の進め方を一段階ずつ、具体化していく。どのような目的を優先させるのか。どの程度のスピードで推進するのか。買い手がどれくらい主導して意思決定をしていくのか、シナジーはどのような時間軸で実現していくのか、組織や文化をどのように最終的に目指す形にするのかなどが挙げられる。この他にも、案件によってＰＭＩの進め方の分岐点は色々なものがあり得るので、ディールに合ったものを選んでいくとよい。

ディールのパターンとして、「成熟業界内の統合」、「対象企業自体の単独成長に投資」、「新地域への進出・拡大」、「同業界の事業のカーブアウトからの自社事業への統合」など、様々な形が考えられる。しかし、同じような目的であっても、ＰＭＩの方針はディール自体の投資命題と個別案件の特性を理解して、具体的な統合方針まで落とし込むことが重要である。

このような方針を決定するために、経営陣の間で早期にワークショップを実施するのがよい。例えば1日やそれ以上、社外の会場に集まり、ＰＭＩやお互いの事業や組織についての議論を行う。夕食会なども行い、お互いを個人的にも知り、親睦を深めるのである。実際に、マッキンゼーがＰＭＩを支援するケースでは、買収発表から4～8週間のうちに、双方の経営陣を交えて、時には「合宿」のような形式でのワークショップをすることがある。海外の企業どうしの統合でも、このようなワークショップを実施することは一般的で、経営陣の間の直接の対話で大方針を固めていくのである。

②統合で最重要な意思決定事項とタイミングの把握

どのようなＰＭＩにおいても、その後の事業運営に影響する大きな意思決定事項が存在する。例えば買収先の決裁権限や、今後のＲ＆Ｄのロードマップをどう統合するか、またＩＴ基幹システムの統合の可否・タイミングといったものが考えられる。

何が重要な意思決定か、ということは、実はディールの種類によって全く異なってくる。ディールの目的とＰＭＩの複雑さ（どれくらい買収先のオペレーションを自社に統合するか）は千差万別である。故に、ディールごとに重要な意思決定が何か、とい

図表35　PMIにおける意思決定事項の整理事例

意思決定のロードマップの事例：ディールに応じて重要度とタイミングを事前に決定

	初期（Day 1 前等）	中期	後期（最終形への移行）
最重要	• 連結子会社化後の事業ビジョン、戦略、シナジー目標の策定 • 企業名・ブランド・ロゴ等の策定 • 連結子会社化のプロセス、タイムライン およびデータ共有プロセス報告体制の設計 • 両企業での人事関連施策（重要人材維持のためのプログラムを含む）の設計 • ERP・基幹システムの選定および統合計画のタイムライン策定	• 新経営陣の役割と組織体系の決定 • 事業の継続性、価値の創出の観点から必要な組織変更のスコープを決定 • シナジー実現の具体的な施策策定および実行計画の詳細化 • 組織文化浸透のための施策立案 • ERP・基幹システムの現状把握および移行タイミングの具体化	• 組織変更に関するアクションプラン具体化 • 新製品の販売戦略、方法の設計 • 統合後のR&D戦略・ロードマップ策定 • 設備投資に関する方針 • 製造拠点の統廃合 • ERP・基幹システムの中間マイルストーン設定
中程度	• 取締役の選任・引き継ぎプロセスの設計 • 顧客、ステイクホルダーへのコミュニケーション • 親会社と共有する機能に関する方針 • 親会社への報告体制 • 安定供給を担保する上での優先事項とタイムライン（許認可、IT統合タイミング等） • 製造機能ごとの親会社との連携方針 • R&D機能ごとの親会社との連携方針 • Day 1のコミュニケーション	• 経営管理体制の策定 • 財務報告や事業・財務計画・業績予想プロセス策定 • 営業部門の親会社との連携方針（製品およびチャネル戦略、カバレッジプランなど）決定 • 親会社との連携方針を踏まえた、R&Dの連携に関するタイムライン設計 • R&Dに関する人員およびアセット最適化の方針・タイミング決定 • その他事業・機能ごとの戦略策定 • 福利厚生に関する戦略（健康保険等）策定	• パートナーシップに関する方針の策定 • 重要な顧客の管理方針決定 • 生産委託先およびベンダーとの取引条件 • 連携等に伴う出向に関わる給与体系の整備 • 中期インセンティブプラン策定 • ITポリシー＆プラクティス（例えば、ヘルプデスク、ラップトップ、コラボレーションツール等）決定
その他	• 事前に感知し得るリスクの特定・対処 • 企業ウェブサイトの更新 • メールアドレス等、Day 1後のシステムアクセスを担保するためのIT環境の整備	• 社内承認の規定・プロセス策定 • サプライヤ・顧客との契約の見直し • コンプライアンスに関するリスクの特定・対処 • 品質に関するリスクの特定・対処	• 企業構造の最終形（ストラクチャー）決定 • 税務戦略策定 • EHS（環境・衛生・安全）管理の最終形設計 • 採用活動の統合 • 監査に関するスケジュールの統合

う点を洗い出す必要がある。

そして肝心なのは、このタイミングを買収先の経営陣とも合意し、同様の認識を得ることである。買収先の幹部から聞かれる不満の大きなものとして、「方針が分からないだけではなく、何がいつ決まるのかというスケジュールすら共有されない」というものがある。

「いつ決まるかも分からないので、部下に聞かれても何も言えず、組織が不安定になっている」というのはよくある現象である。

意思決定が下った事項についてタイムリーに共有することは元より、今後の事業・組織の方針を定める最も大きな意思決定については、項目とタイミングを経営陣の間で明確に合意しておくことには大きなリスク回避の効果がある。図表35に、想定される意思決定事項を重要性と時間軸で整理した例を示す。これはあくまで一例なので、その項目も重要性やタイミングについても、あくまで参考である。このように、各ディールについて、意思決定事項がどこに位置付けられるべきか、しっかりと検討し、経営陣としても把握しておくことが重要である。

③ＰＭＩ活動が従うべき原理原則の策定

買収統合の設計思想や主要な意思決定すべき事案が明確にできたところで、それらがＰＭＩ活動の中で正しく行われることを担保するのも簡単なことではない。その役割を担うのが、「本ＰＭＩの原理原則」と呼ぶものである。英語ではGuiding principles（ガイディング・プリンシプルズ）と呼ぶことが多い。

例えばどういうものか。図表36に一例を示す。これらは具体的な統合方針そのものを示すというより、一貫した意思決定や活動促進に関する決め事である。これは個別の意思決定の際に立ち戻る原則であり、双方のコミットメントである。実際に、このような原則を標語として、重要なＰＭＩミーティングの冒頭では必ずリマインドする、という運営をしたケースもある。とあるＰＭＩキックオフの際には、2～3週間かけて双方の経営陣どうしでこの原則の文言をすり合わせたこともある。双方のディールのリーダーと共にドラフトし、両社の主要経営陣から個別にインプットをもらい、最後にＰＭＩのワークショップ（合宿）にて投影して読み上げ、合意の確認を行った。

常に同じ原則に立ち戻ることで、一貫した決め方でＰＭＩの意思決定が行われてい

図表36　PMIの意思決定の原理原則の例

本統合のガイドライン（主要な意思決定の場合には参照すること）

テーマ	ガイドライン
両社の価値向上	❑ 顧客への接点を早期に整理し、既存事業の混乱を最小限にする ❑ 早期シナジーに向けた意思決定・実行を優先的に加速する ❑ 長期的な顧客価値を視野に、営業・開発など追加投資を計画する
組織・プロセス	❑ 各部門のリーダーは両社から適材適所で配置する ❑ 結果へのコミットメントを奨励する責任を明確にし、貢献した個人とチームの実績を認識する ❑ 業務プロセスは基本的には統合・効率化を志向し、【買収者】の既存プロセスに寄せる ❑【買収者】の強みが活きる箇所を特定し、その強みが活きる業務プロセスは維持・活用する ❑ 業績管理、人事制度は、統合事業の戦略および【買収者】のミッション・ビジョンと整合させる
協働・意思決定のあり方	❑ 懸念や反対意見があれば意思決定前に問題・意見提起する ❑ 全体最適を志向：他部署に関連する事項では早期から関連部署と連携する ❑ 意思決定の計画に基づき速やかに各種意思決定を遂行し、結果と根拠を明確に伝達する

ることを担保する。対象企業からも、「あの決断はおかしい」という疑念や作業の手戻りを防ぐ役割を果たす。また、経営陣から命を受けた現場の推進チームが意思決定する際も、裁量は渡しつつ、従うべき原則を明示することによって、一貫性のある判断をある程度確かにすることが可能となる。

概念的で、ここまで念入りにする重要性が直感的に伝わりにくいかと思う。しかし実際には、このような原則の合意が、その後の幾多の意思決定や協働において、不協和音を防ぐお守りになるのである。例えば、こういう原則の議論を通じて、その後に直面し得る課題が浮き彫りになることもあった。また、実際にP

ＭＩで意思決定を行う必要のある課題について、あらかじめ具体的なイメージが持てることもあった。更に、このような原則を両社の社員が理解することで、今後のＰＭＩの進め方に関する不安の払拭に寄与することもあった。

コラム：ＰＭＩの原理原則を定めたワークショップ

とある大型買収において、「数ある意思決定で全体感のある判断をするために、どのようにすればよいのか」という問いを、買い手企業のＣＳＯ（Chief Strategy Officer）と討議していた。何百もある意思決定事項の個別の担当者が従う原則がなければ、バラバラな個別最適になったり、「これはフェアなのか」と手戻りがあったり、大混乱すら予想されることを危惧されていた。

我々は、「ＰＭＩの原理原則を、両社の経営陣で事前に明文化しておく」ことを提案した。

そこから2週間くらいかけて、毎日、両社のＰＭＩ管掌の経営層メンバーと、この原理原則の一言一句を討議した。この討議の過程で、両社の経営幹部の間でも、このディールの重要目的の理解や、目的達成のアプローチについて、微妙な違いがあることが明るみに出た。買い手の幹部は、「PMIはスピードが大事なので、大きな意思決定以外は、基本的に買い手である自社の方針に両社を揃えるべき」という考えであった。一方、対象企業の幹部は、「お互いによいところがあり、それを意思決定ごとにしっかりと提示して議論することで、最終的によりよい形になるはずだ」という意見であった。この違いをそのままにしていたら、意思決定の議論の度に、「なぜこんな細かい議論をする必要があるのか」「なぜ買い手だからといって自社の方針を押し付けることが前提になっているのか」と揉めていてもおかしくなかった。結局、本件では、「明らかに対象企業が優れたやり方を有していない場合の業務プロセスは、買い手企業に寄せることを前提とする」と定めることになった。

そして、200人ほどが参加したPMIプロジェクトのキックオフにあたる合宿や、その後メンバーがPMI活動に追加される際のブリーフィング資料でも、PMI活動に従事するメンバーにとって最も重要なガイドラインの一つとして掲げた。

更に、意思決定を会議にかける際も、判断の承認の前に、「本件の原理原則に沿った意思決定か」という点を指差し確認しながら決めていった。

例えば、とある業務プロセスをどちらの会社のもので統一するか、という意思決定の際に、買い手のやり方と対象企業のやり方には無視できない違いがあった。そこで最終的に判断を分けたのは、「本件のＰＭＩでは、明らかに対象企業が優れたプロセスを有していない場合の業務プロセスは、買い手企業に寄せることを前提とする」という「条文」であった。その結果、全体最適や他の判断事項との整合も考え、買い手のやり方で進行した。

このように、ＰＭＩにおいて「フェアな決め方とは何か」を事前にしっかりと合意したおかげで、その後の意思決定がスムーズに、後腐れなく進んだのである。

ＰＭＩ体制：ＩＭＯ（統合推進室）の確立

ＰＭＩ体制の整備は、経営陣がＭ＆Ａの成功に向けてできる投資として極めて重要である。過小評価して必要なリソースや人材を十分に早期から充てないことのリスクは大きく、多くのＰＭＩの失敗は元をたどれば体制不備が大きな原因であると言える。十分な体制ができていないと、ＰＭＩで必ず発生する各種の問題への対応が全て後手に回ってしまう。また最低限の手続きを終わらせるので精いっぱいで価値創造の活動であるシナジー創出や買収先のガバナンスが穴だらけになってしまうのである。実際に、我々が日本のＭ＆Ａ経験者に対して行ったサーベイでも、Ｍ＆Ａの反省として「統合に必要なリソースが十分に手当てできなかった」というのは上位5項目に入っている。

なぜＰＭＩ体制の構築に失敗してしまうのだろうか。大きな理由として、これまでに述べてきたような要諦を意識した活動設計になっていないことがあるだろう。まずは内容の問題である。ＰＭＩで価値創造を実現するための活動、既存事業へのリスクを軽減する活動、更には組織の安定や企業文化の融合など、経営陣としての判断が必要になる事項の多さや、それらの一つ一つが孕む落とし穴への認識や経験が十分でないため、どうしても体制構築やアクション設計、経営陣として使うべき時間が過小に見積もられてしまう。もう一つの問題は時間軸である。前述のとおり、ディールの規模感などによるが、多くの場合でＰＭＩに向けた計画やアクションは、想定以上に前倒しで行うべきである。

ＰＭＩを成功させたことのある人材の少なさも、理由として挙げられる。海外では、多くの場合では、同様の経験を他社で積んでいる人をタイムリーに雇用する、またはアドバイザーとして契約するので、足りない知見を比較的容易に得ることができる。一方、日本企業の多くでは、社内での経験だけを頼りに進めることも未だに珍しくない。また、専門家を探そうにも、日本の転職市場において「M&A人材」のプールはまだ十分に大きいとは言えない。実際に複雑なディールや大規模ディールにおいて、PMIをフルに成功させた人材を探すことの難しさは、多くの日本企業にとって共通の頭痛の種というのは、我々が経営陣と対話する中でも実感しているところである。

PMIの体制について、特に重要となるIMO（統合推進室）を中心とした全体設計を紹介する。この体制が全てのPMIにとって必要十分というわけではないが、特に他部門に跨るような大型PMIでは、IMOのような司令塔の機能が重要になってくる。

IMOとは、PMI活動全体を取りまとめるコントロールタワー（中心指令室）である。なぜIMOが必要となるのか。財務・法務・研究開発など、各テーマでチーム・分科会を結成して、やることをそれぞれ洗い出して実行するだけでは、何がいけないのだろうか。

IMOの1つ目の必要性は、活動全体がディールの戦略的意図と合致することを担保するということである。ＰＭＩの規模や範囲が大きくなると、関わるメンバーや分科会それぞれが、「当社が何を達成するための道筋としてこのディールを行っているのか。故にどのようなＰＭＩ活動の全体像なのか」という点を見失いがちである。ＰＭＩ活動がうまくいかない理由の一つが、個々の活動の優先順位がないまま、ひたすら長い「やることリスト」を連ねて管理しようとすることである。あらゆるアイテムが重要性の濃淡のないまま並べられると、経営陣として押さえるべきポイント、本当にやるべき意思決定を見失ってしまう。経営陣が把握すべき重要度の進捗や課題をタイムリーに把握できなくなるのである。ＩＭＯは、前述した重要な意思決定事項のロードマップに沿って、大きな判断についてはは経営陣にタイムリーに上げ、またその他の各部門の判断事項や実行アイテムについては、その進捗を中心になって把握・管理する。

２つ目の必要性は、重要事項の前後関係や相互関係の把握である。ＰＭＩ活動を手戻りなく進めるためには、大きな意思決定の順番（クリティカルパス）を定め、それに沿って進める必要があることは述べた。更には、それらの意思決定事項や実行アイテムの相互関係も、指令室として把握・整理すべき重要な要素となる。例えば、コーポレート機能では、部署ごとのプロセスの現状理解と統合の形をデザインした後に、関係するITシステムの統合についての意思決定を進めるのがよい。各部署とIT部門が別々に統合計画やアクションを策定していたら、必要な前後関係や相互関係が把握されないまま縦割りで活動が進められてしまう。そして、部署間で整合しない状況になったり、活動に手戻りが発生してしまう。IMOは、そうした前後関係・相互関係を洗い出し、それぞれのアクションが正しい順序や互いへの影響を考慮して行われるための交通整理を担う。

IMOの3つ目の必要性は、部門横断のテーマを推進することである。一般的に、大型のPMIでは、IMOは次のようなテーマを受け持ち、部門間のアプローチを提示しながら推進する。

- PMI全体の司令塔：事務局、マスタープラン監修、進捗管理、課題の把握と解決推進、ステアリング・コミッティ招集と主要な意思決定事項の上申など
- 価値創造の統括：シナジーのターゲット水準の設定と配分、活動計画と実施状況の取りまとめ、実際のシナジー刈り取りの状況把握と効果の定量化など
- 組織・人材：統合後の組織構造、部門の定義・階層構造の設計、メンバー指名のアプローチ統括。実際に組織の細部を決めるのは各部門だが、その全体の進

捗やガイダンスを出すのがＩＭＯの役割

- 組織文化、チェンジ・マネジメント：組織文化の「見える化」、今後の組織文化のあるべき姿の合意、組織にあるべき文化を刷り込む活動の取りまとめ
- コミュニケーション：統合に関する社内外のステイクホルダー理解とコミュニケーションのメッセージ・方法・フィードバック収集の統括
- プロセス・テクノロジー：業務プロセスの統合およびＩＴインフラ・アプリケーションの統合・移行の統括。実際のＩＴの検討や実行はＩＴ部門になるが、業務プロセスの設計は組織やシナジーとも関連が深いため、ＩＭＯが全体を取りまとめることが多い

ＩＭＯの設立において、リーダー格に誰を据えるかがＰＭＩプロジェクトの推進において最重要事項の一つである。理想は、ＰＭＩや大型プロジェクトの推進経験があり、両社の各組織を動かすことに長けた人物が、ほぼフルタイムで就いて回していくことである。両社からそのような人物を任命し、二人三脚でリードするのが最も望ましい。そのような理想的な人材がいない場合はどうすればよいか。ＰＭＩのリーダーは組織横断的に動けることが重要なので、社内での実績があって全社で尊敬を集めて

図表37　IMO（統合推進室）の役割と位置づけ

IMO（統合推進室）が重要な意思決定を推進する体制を確立

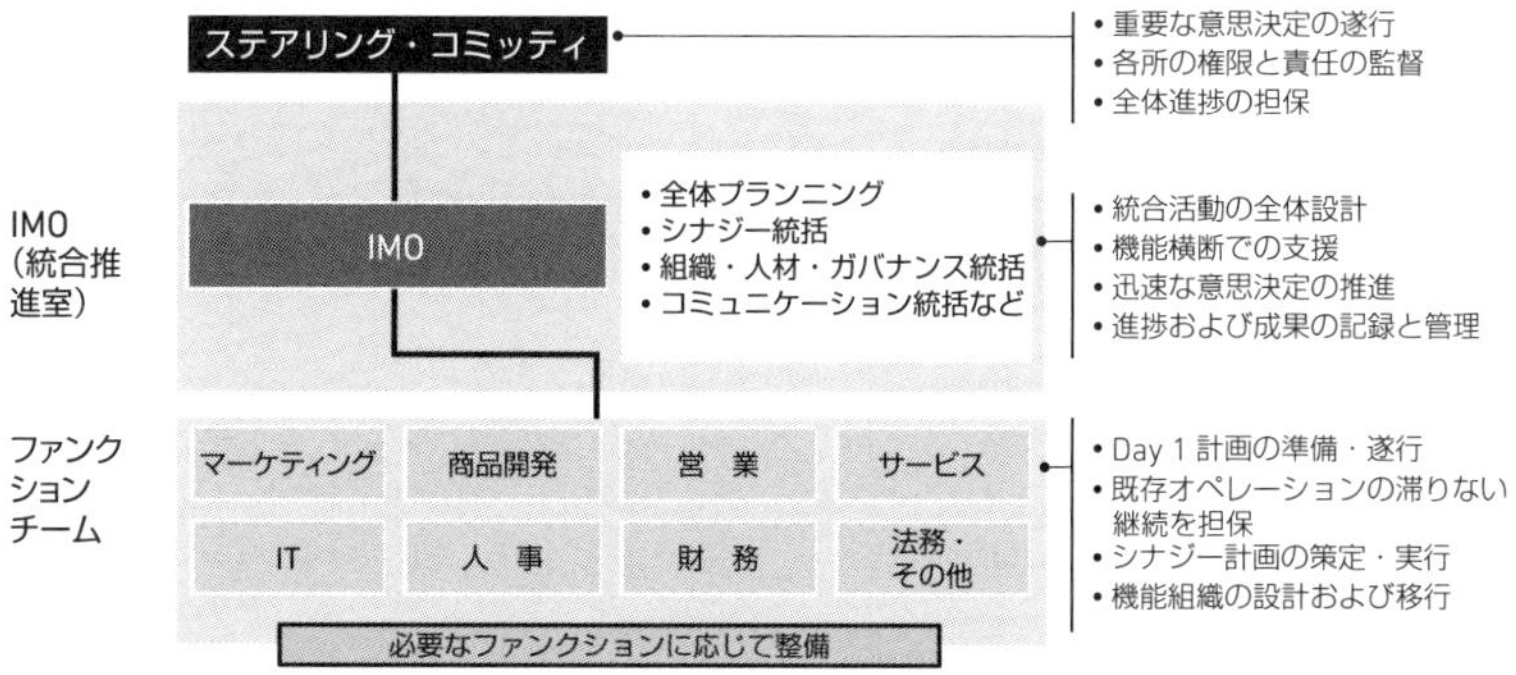

いる人を選定するのもよい。そのようなリーダーを、ＰＭＩ経験のあるメンバーで補完するのもよいかもしれない。ＰＭＩの詳細についての専門性は、各機能のメンバーや外部の専門家で担保できることもあるが、対象企業のメンバーや自社のあらゆる組織のメンバーと渡り合えるリーダーシップは、妥協すべきでない要件だと考える。

　ＩＭＯの統括の下で活動する各統合チームを「分科会」や「ファンクション（機能）チーム」などと呼ぶ。各チームは多くの場合で部門構造に沿うような形で機能ごとに編成する。これらが、実際の統合活動の遂行の主体となる。ＩＭＯの指揮に従って、各組織の統合活動の目的・マイルストーンなどを定め、具体的な活動計画に落としていく。実行フェーズでは、必要な活動を推進し、ＩＭＯに進捗報告をする。また、統合活動にかかる意思決定については、その重要度に基づいてＩＭＯやステアリング・コミッティに提案や報告を上げる。

ステアリング・コミッティはＰＭＩ活動における最高の意思決定会議体となる。多くの場合は双方の経営メンバーから選定され、ＩＭＯの管掌役員が招集する。ＩＭＯの役割の一つは、ステアリング・コミッティのアジェンダを先まで設定して、そのタイミングで重要な意思決定が遅延なく行われていくように、各チームの準備を後押しすることである。

尚、ＩＭＯを単なる受け身の進捗管理をするＰＭＯだと捉えると、その本質を見誤る。ＩＭＯはコントロールタワーとして全体の指揮系統を機能させる役割がある。また、各分科会の議論にも積極的に入り、その活動や課題解決をサポートする必要もある。様々に起きる問題の解決のために経営陣やステアリング・コミッティを活用することもＩＭＯの役割である。ＰＭＩのリソース面でも、分科会のメンバーの過不足の把握や、必要に応じた外部プロフェッショナルの活用の窓口になるなど、その役割は多岐にわたるのである。故に、ＩＭＯのリーダーに適切なリーダーシップを持った人材を充てる重要性を改めて強調する。正しい資質を持った人物を任命すると、ＰＭＩ

を通じてそのメンバーが経営幹部、リーダー候補として大きく成長することも期待できるのである

シナジーの実現：徹底して価値を追求する

買収案件の戦略的な目的によらず、シナジーの実現が価値創造の根幹にあるということは第1章でも述べた通りである。日本企業によるM&Aのパターンは多種多様である。しかし、どのような買収においても、価値創造を最大限に実現するべくPMI活動を設計・推進することは鉄則である。

日本企業のシナジーの刈り取り活動には、「価値の取りこぼし」が多く見られるのがもったいないと感じている。本来は実現できるシナジーの実現のために動かない、あるいはタイミングを取り逃してしまうのである。また、十分にシナジーの広がりを捉えないというのも誤りである。DDにおいて企業価値モデルに組み込まれているシナジーと、実際のPMIで見るべきシナジーは、ほとんどの場合において後者の方が広く大きく捉えられるべきである。DD段階では、バリュエーション目的に算定しているため、コストシナジーに偏重していたり、情報が限られていて推定に頼っていることも多い。いずれにせよ、PMIでは改めて最新の最も細かく取れるデータに基づ

き、より広いシナジーを一つでも多く実現していく姿勢と体制が必要である。

マッキンゼーがPMIを支援する際、価値創造・シナジー実現は最も注力する活動の一つであり、ディール価値の実現のために、短期・長期両方でシナジーの実現に注力する。数多くの案件におけるシナジー実現の支援や、公開情報からのリサーチを続けていく中で、M&Aのシナジーについては社内で豊富なデータベースを有するまでに知見を蓄積している。特に、調達や本社機能については、ディールの業界やタイプによって追求すべき機会がある程度は共通しており、他ディールでの知見の蓄積が大きく活用できるところである。一方で、詳細に見たときにシナジーの施策や水準はディール固有の要素が非常に多く、機械的に目標水準を設定するわけにはいかない。

ここでは、マッキンゼーの経験およびリサーチに基づき、M&Aのシナジーについ てPMI段階で意識して取り組むべき要点を述べる。

1. シナジーは実現できた効果を定量的に計測する必要がある。

シナジーの計測は種別によるが、シンプルにPL上にそのまま表れるものはほとんどない。PMI活動の中で、意図的に計測する必要がある。ベースライン（シナジーがない場合に想定される売上やコストの初期値）を費目ごとに設定し、シナジー活動によって生まれる効果を推計し、結果を測定する。海外では重複する人件費の削減などは比較的、結果計測が可能だが、複雑な施策になるほど、正味のシナジー効果を正確に測定することは困難である。それでも、シナジーを社内で計測することは、組織的にシナジー活動を徹底する上では非常に有益である。

シナジーについては、シナジーの目標を対外的に発表する企業の方が、M&A後の長期的なリターンが高いことが分かっている。マッキンゼーの調査によると、2010年代の大型M&Aの際にシナジーの金額規模感を発表した企業はグローバルで見ても2～3割程度であったが、それらの企業は買収2年後のTSRが、シナジー金額を発表しなかった企業より7ポイントも高かったのである。M&Aに際してマーケットの期待値を確実に理解し、その実現のための方策を取っていることを示せるのが、シナジーをしっかりと測りながら実現している企業の強い点である。

2. 社内では高い目標を掲げるのがよい。

社内では高い目標を掲げるのがよい。対外的に発表するシナジー水準は保守的なことが多い（が、プレミアムが推計できる場合は、その水準を勘案する必要もある）。一方、社内に対しては、より高い目標を設定する企業が成功率が高いことは、マッキンゼーのPMI経験からも明らかである。特にシナジー水準を対外的に発表している企業において、実際に社内で設定して追いかけている目標水準は、発表値よりも25％から１００％も高いのである。こうして、取れる限りの価値を漏れなく追求するのがＭ＆Ａ巧者の大きな特徴と言える。

3. ベンチマークに頼り過ぎずに具体的な施策の積み上げを加速。

マッキンゼーのクライアント企業においても、シナジーの目標設定時にベンチマーク水準を参照したいというリクエストは多い。一方で、ディール単位で見た場合のシナジー水準は、同一業界でもディールによって非常に大きな幅がある。シナジーはほとんどの場合、部門ごと、製品ごと、費目ごとの施策の積み上げであり、大きなものを刈り取りながらも、「ちりも積もれば」のマインドも必要となる。ベンチマークに過度に頼るのではなく、高い目標設定を行い、それに向けて各種のレバーを一つ一つ分解し、効果を推計しながら活動計画に落としていくような緻密なアプローチを取る方が確度の高い活動になる。

4. コストも売上も見落とさない。

海外でよく言われる格言は、「Ｍ＆Ａの多くはコストシナジーを重視するが、売上シナジーを忘れずに実現していくべきだ」というものである。しかし、日本企業において必要なのは、少し異なるメッセージかもしれない。日本企業の多くではまず、「コストシナジーを徹底的に実現せよ」という意識も必要である。調達シナジーなどからクイックウィンとなるものを短期で実現し、その他生産やＩＴなどオペレーションの効率化なども早期から仕込み、実現すべきである。組織を適切な人員規模にしていくのは、国によってプロセスも時間も異なるが、必要な活動の一つである。

一方で、売上側のシナジーであるクロスセルや製品開発などは時間がより多くかかり確実性は下がる。製品面、営業組織の整理やインセンティブ、顧客対応、セールスサポートなどのプロセスやデータなど、売上シナジーの実現には多くの要素が絡む。マッキンゼーのサーベイでも、コストシナジーで当初の目標の80％以上を実現した企業は全体の74％であったが、売上シナジーで同程度の達成度を実現した企業は28％に留まる。

売上シナジーは実現困難だからこそ、より緻密に追求していくべきである。

5. 時間が大事。

マッキンゼーによるＰＭＩの支援やリサーチで分かってきていることとして、最終的に実現されるシナジーの水準は、早期にどれくらいの勢いでシナジー実績が積み上がるかと密接に関係する。特にコスト側のシナジーは、買収後18カ月が勝負と言われる。この間に目標に迫る水準のシナジーを達成できていれば、最終的には目標を大きく超える企業が多い。一方で、18カ月の達成度が低い場合は、その後どれだけ時間をかけても、当初の目標に届かな

図表38　検討すべきシナジーの広がり

シナジーは改めて広く網を張り、取りこぼさない

▒ 一般的なフォーカス　■ 価値創造の最大化のためにより広く検討すべき事項

	コスト	資本	売上	
変革の機会を探る	バックオフィス機能をアウトソース	受注から請求のプロセスを再設計して運転資本を効率化	営業のデジタル化	DDで見られたことを超えて、より広くシナジー機会を探索する
組み合わせによるシナジー効果を確保	購買一元化	倉庫統合、在庫圧縮	商品、地域、チャネルを統合	重複箇所のコスト削減や現業の価値保全も抜かりなく
現業の勢いの維持	委託契約の統合でコスト増を防ぐ	生産設備の効率性を維持	既存顧客の売上を維持	統合は変革の機会：デジタル化やプロセス最適化など大胆に

いままでシナジーの刈り取りが止まってしまう傾向にある。

6．シナジー実現のためのコストを見込む。

シナジーを実現するために、初期投資や一過性のコストがかかることも多い。ITの統合についての初期投資や、人員削減の際の退職金が最たるものである。これらのコストは実は初年度で大きく積み上がり、1年分のシナジーのPLインパクトと同等（70～120%が多いが、実際の分布幅はもっと広い）のコストがかかると言われる。もちろん、初年度の後はシナジーを実現することによる継続的な利益貢献を享受することができるのだが、このコストの大きさを最初から十分に見込んでいないと、後にサプライズに遭う企業もまだ多い。

ここで、「現業の勢いの維持」も同様に大事であることを強調する。一般的には、買収完了時、対象会社の売上は、当初の計画よりも数パーセントの未達・下落を経験することが調査結果として知られている。これは、このタイミングで組織の意識がディールやPMIに取られることや、人材の流出、また競合が組織の混乱を見込んで攻勢をかけるためである。更には、調達先の値上げや顧客からの値下げ交渉や乗り換えといったリスクも増大する。こうしたネガティブな作用を最小限に留めるべく、早期からPMIの方針やシナジーの計画、鍵となる人材のリテンション、また顧客・サプライヤ・従業員などへのコミュニケーションの計画を策定しておくのである。

M&A・PMIの成功には、価値創造の実現が不可欠であると考える。緻密な活動の積み上げによって実現されるのだが、その実行を確実にするためにいかにPMI全体の運営を巧みに行うかが肝要である。目標設定や活動全体の指揮、また価値創造の進捗や成果の見える化などがうまくいくと、シナジー獲得と現業の勢いの維持という結果もついてきやすくなるだろう。

人材・組織の確立：組織文化に正面から取り組む

企業文化に正面から取り組むアプローチ

ＰＭＩにおいて、「企業文化は成果の増幅器」と呼ぶことがある。企業文化がお互いに理解され、同じ方向に向かっているディールでは、Ｍ＆Ａの成果は何倍にもなる。一方で文化が摩擦の原因になっている場合は、せっかくの効果が目減りしたり、場合によってはマイナスにもなり得る。Ｍ＆Ａで目標を達成できなかったと認める企業幹部のうち、実に45％が組織文化の課題を主な理由の一つに挙げている。

特にクロスボーダーの案件においては、文化の違いは国民性の違いとして少なくとも認識することはできる。しかし、国内でも、企業文化の違いは存在し、企業間で全く異なる場合もある。いずれの場合も、企業文化をないがしろにしたり、「阿吽の呼吸」を求めたりしていると、知らないところで摩擦や誤解が生まれ、気づいたらお互いへの不信が募ってしまっていることがある。特に買収先の働き方をある程度以上は自社に合わせることが求められるディールの場合、企業文化のすり合わせは最も大事なテーマの一つとなる。

企業文化へのアプローチは企業によって異なるが、マッキンゼーが支援する場合のアプローチを簡単に紹介する。

1. **企業文化の違いを主要メンバー間で明示し、共通理解を形成する。**マッキンゼーでは、組織の特徴を示すサーベイや、働き方に関する質問を用いて、体系的に企業間の違いをあぶり出す。それをワークショップ形式で紹介したり、経営陣どうしで討議したりすることで、それぞれの企業の考え方、価値観、望ましい動き方、強みや弱みを明確に理解することができる。マッキンゼーでは、OHI(Organizational Health Index)という、組織の健康度を測定するための総合的な指標を策定している。このフレームワークは、2社の間での組織文化の傾向を多面的かつ定量的に測定するのにも有効である。図表39に、OHIのフレームワークを用いて2社の企業文化を測定し、比較したアウトプットのイメージを示す。

2. **あるべき姿を定義する。**双方の違いを出発点として理解した後に、目指す姿を定義する。目指す企業のビジョンや価値観から入り、明文化する。そこから深掘りし、特に両社間で特徴が異なる要素において、念入りに「あるべき姿」の定義を行う。

図表39　PMIで企業文化の違いを計測したサーベイ結果の例

組織文化レポートのアウトプット：重要事項の比較図で違いを具体的に洗い出す

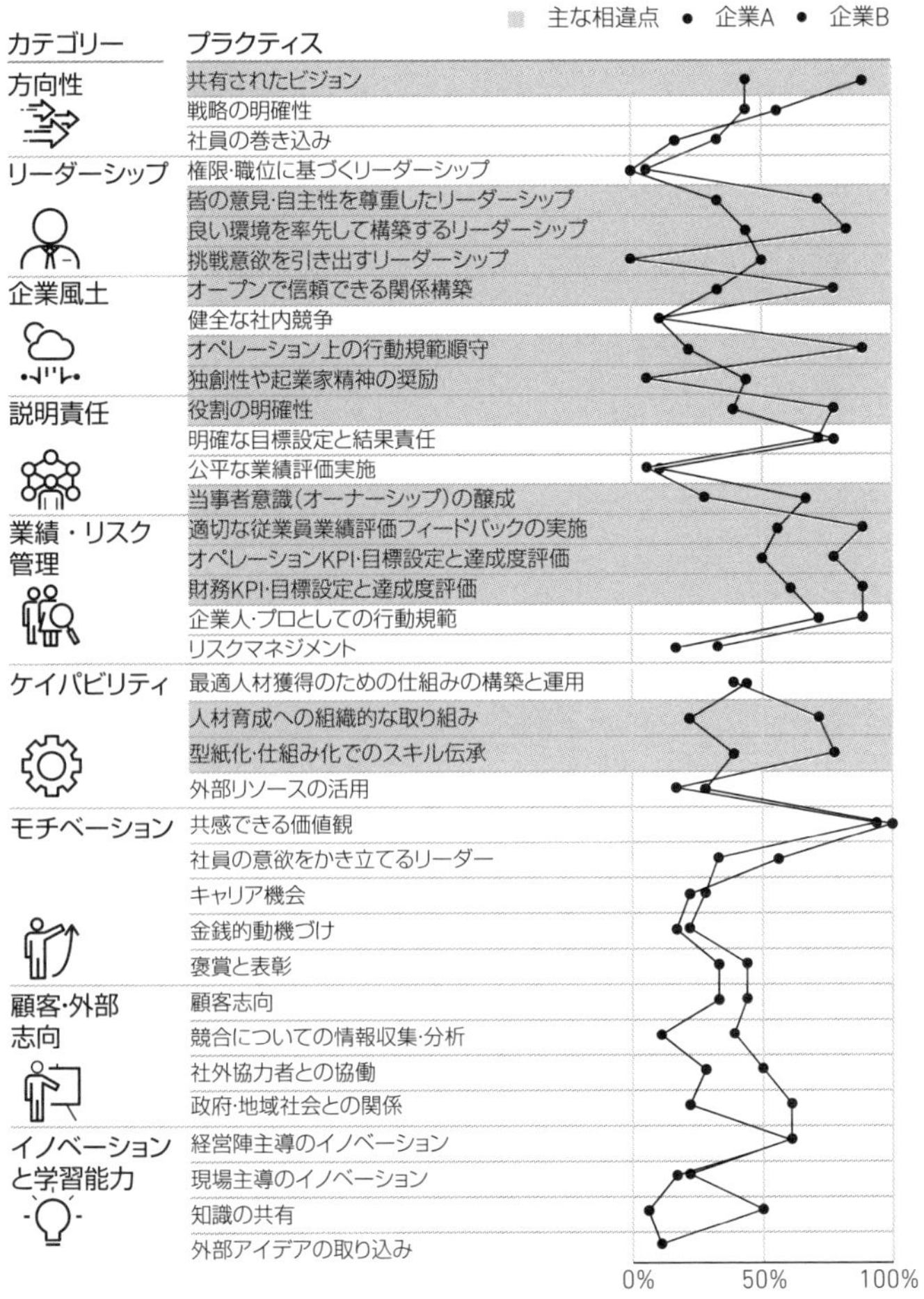

資料：企業A、企業B のシニアリーダーへのインタビューと事前サーベイ

一例として、アメリカと日本の企業間の統合において、「顧客志向」に関する価値観や理解が異なることが判明した。アメリカ企業では、「顧客志向」を標榜するが、自社の利益との天秤では自社の利益の最大化を選ぶ傾向が明白であった。一方、日本企業では、顧客の細かな要望にまでコスト度外視で応えており、得意客における利幅が低すぎることが課題であった。これでは、統合後に「わが社は引き続き顧客志向を標榜します」と言ったとて、その実現の方向性で齟齬があり、整合性のある動きができなくなる。

この場合、「顧客志向とは、利益の大きな顧客との関係性や、今後の顧客ニーズには投資するが、短期的なリクエストへの対応については費用対効果をしっかりと吟味する」という決まり事を今後の原則として設定することで、「どのような顧客志向を目指すか」についてイメージを明確に持つことができる。このようなすり合わせを、両社の間で異なり問題になりそうな要素について、一つ一つ行っていくことが有効である。

3. 施策に落として緻密に実行する。

施策に落として緻密に実行する。目指す姿が経営陣の間で丁寧に合意できたのちには、それを各組織の実際の動きとして落としていく。その際には、組織の行動を変えるための介入法のパターンを活用する。どのような動きがなぜ必要かを、明確なストーリーとして組織全体に伝える。お手本となるチェンジ・エージェント部隊を編成する（チェンジ・エージェントとは、企業変革において、変革後の社員としての言動を率先して実行し、周囲に影響を与えることで、企業変革を現場で推進する役割を担う人物を指す）。人事制度や仕組みとして、新しい動き方を制度化する。トレーニングによって、望まれる行動をとることをスキルとして醸成していく。こういった介入法を全て活用しながら、あるべき行動を組織に浸透させるのである。

簡単にアプローチを解説したが、これを徹底して実行するには、企業文化の整理にも責任者やチームを任命して、経営陣がサポートしながら推進する必要がある。「新しいビジョンを策定」するだけでも、単に社内ＰＲとしてキレイな文句を掲げるだけでも不十分なのである。

コラム：企業文化の大事さに納得して、正面から取り組み始めた瞬間

とある外資系メーカーが、日本企業の同業がカーブアウトした事業を買収し

た例を紹介する。企業文化の議論をするにあたり、当初は、「アメリカと日本の文化の違い」から始まり、「日本企業のPMIにはどのような懸念点や注意すべきポイントがあるか」といった議論を、米国の同事業のCEOと行っていた。

その後、我々と企業文化の統合について議論を重ねるうちに、「本質的には企業の国籍に限らず、企業文化の理解と融合はPMIで見逃されがちだが重要な要素である」とCEOをはじめ、経営陣全体の理解が醸成された。そして、Day1前から双方の企業文化を理解し合って、それをシナジー実現や組織・人事などのPMI活動に反映するべく準備を一緒に行った。

お互いの企業文化や働き方を、サーベイやインタビューを通じて「見える化」し、その比較と今後の企業文化の重要要素を合意するワークショップを数日にわたって実施した。そこでは両社の経営層20人程度で「どれくらいそちら（買収者）では業績成果が重視されるのか」「こちら（日本の被買収企業）は真の顧客志向だが、そちらは顧客の要請と経済合理性をどのようにバランスして意思決定を行うのか」といった問いをぶつけ合い、そこから、お互いのよい部分を残すべく、企業文化の理解と融合の方針を具体化した。更に、新組織の方針を全社にいきわたらせるための「チェンジ・エージェント」を100人単位で指名、トレーニングし、あるべき企業文化や働き方の伝搬を継続かつ体系的に行っていった。

買収完了の1年後、その事業のトップは、「本件では相当高いシナジーの目標を掲げたが、それを遥かに上回る結果を1年で出せた。結果だけを求めて自分たちのやり方を押し付けるのではなく、急がば回れで文化的な理解と融合の活動を徹底したことが、このディールのPMIの成功の礎になった」とコメントしていた。

PMIにおいて、「固い」シナジーや人事の側面だけではなく、企業文化も同様に重く見て、体系的に取り組むことが重要であることを象徴するエピソードである。

まとめ：PMIから「甘さ」をなくし、あるべき姿を貪欲に求める

PMIにおいては、「甘さ」が企業価値の取りこぼしに直結する。カバーすべき要素は非常に広く、また、ディールごとに異なる設計をすることが必要である。更に、

対象企業の混乱や従業員の不安を避けながら、注意深くコミュニケーションを重ねて推進する必要がある。

日本企業の経営陣として意識すべきなのは、ＰＭＩの持つ複雑性を認識し、丁寧に解きほぐしながら推進する必要性と、それをするかどうかで価値創造にどれほどの振れ幅があるかの理解ではないだろうか。ＰＭＩというのは落とし穴が至るところにあるもので、甘く見ずにしっかりとした体制および計画を確立させて臨むことが必要である。

こうして早期から十分なＰＭＩ体制を組み、組織全体の連携をＩＭＯによって担保して進めた先に、Ｍ＆Ａを通じた価値創造と成功があると考える。

第5章

ガバナンス

ＰＭＩが無事に落ち着いてくると、買収先は「平時」の様子になってくる。Ｍ＆Ａ後の事業の「経営」それ自体のはじまりである。近年、技術革新等の影響により競争環境が短期間で大きく変わる業界が多い。刻々と変わる事業環境の中で、買収した事業の価値を維持・向上するにあたって、経営陣による意思決定はより重要になっている。特にＭ＆Ａにおいては、買収によって経営権を取得したことによる責任が伴う。買収を行った会社自身が、自社の戦略的な意図に沿って対象企業の経営を行い、買収時に想定した価値を実現する責任である。ガバナンスは、その責任を果たす上で、すなわち会社としての意思決定を効果的に価値向上に結び付ける上で、非常に重要なトピックである。

この章では、買収した事業を完全に買い手のオペレーションに統合するのではなく、独立した意思決定の仕組みを持つ企業として存続させて、子会社として自社グループに取り込む場合を想定している。例えば、買い手にとって新規領域で、対象企業自身の成長に期待しているＭ＆Ａの場合に多く見られるケースである。しかし、自社と同業であっても、国内でもクロスボーダーの買収であっても、協業によるシナジーは実現しながら企業としての独立性を保って運営する場合もあり得る。どのような理由であれ非買収企業に意思決定の自由度が残る場合、買い手企業は自社の戦略的意図をM&A後のガバナンスを通じて実現していくことになる。本章では、日本企業がガバナンスに失敗する事例を紹介しながら、陥りやすい落とし穴を確認することから始める。そして、そこからの教訓を踏まえてどのようなガバナンス体制の選択肢があるのか、何が買収後のガバナンスを確立するための重要条件かを明らかにしたい。

日本企業による買収におけるガバナンス課題の事例

M&Aについて我々が日本のクライアント企業に相談を受け支援するケースの中で、既に買収した会社や事業の経営というテーマは実は大変多く、M&A戦略の立案、DD、PMIといったトピックに並ぶほどである。買収から何年も過ぎてから、対象企業の業績不振が見過ごせないほど大きな問題となっている状況について、これまで多くの相談を受けてきた。特によく聞かれるパターンに当てはまる事例をいくつか紹介したい。

事例1：突然の「手のひら返し」

1つ目として、買収からしばらくは想定通りに推移していた対象企業の事業の業績が、買収から数年後になって悪化し始めた事例を紹介する。買い手企業は、元々好業績の事業を買収したため、当初は事業のモメンタムを損なわないように対象企業の経営陣の意思決定を「尊重する」といった方針を示し、実際に経営への介入はほとんど行わなかった。ところが、対象企業の業績の悪化が明るみに出ると、本社から多くの人員を派遣して事業の立て直しを図るとともに、本社への報告も逐一、より詳細なものを求めるようになった。一方で、対象企業の経営陣はこういった急激な変化に戸惑った。買収直後やこれまでの好業績時の方針によって形成された関係性を超えた過度な介入であると解釈し、買い手による手のひら返しだと受け取った。こうして、買い手のやり方への反発が高まってしまった。

この事例の解決を困難にしている要素として、買収後の各局面でのやり取りを通じて両社の経営陣がお互いに対して感じている不信感がある。両社の経営陣間のコミュニケーションや意思決定への関わり方が不明確なうえに、業績の不振と立て直しのための突然の介入により不信感が一気に不満へと高まってしまったのである。本件に限らず、クライアント企業が数年前に買収した企業の業績が芳しくないことを受け、我々コンサルタントが業績改善の機会を診断するために経営陣のインタビューを行うことがある。そこで対象企業の経営メンバーが、インタビューそっちのけでコンサルタントに、突然介入してきた親会社に対する不平不満をたっぷり浴びせ続けたというのは珍しくない出来事である。

事例2：細かすぎる子会社規定の適用

2つ目の事例では、買収完了後に買い手が自社の「子会社管理規定」をそのまま適用し、対象企業に決裁権限も含め詳細にわたって規定を遵守することを求めた。しかし、この事例の対象企業は買い手よりはるかに規模が小さく、事業モデルも異なる業態であった。更に、買い手企業の戦略的な目的（投資命題）は、追い風を受けているが競争も激しくなりつつある成長市場で、対象企業を勝ち馬にして大きく成長させることにあった。細部まで親会社の規定を適用した結果、対象企業では多くの意思決定事項で判断プロセスが複雑になってしまった。そして事業推進のスピードが損なわれ、対象企業の事業計画の達成に大幅な遅れが生じただけでなく、煩雑化したプロセスにいらだった重要な人材が相次いで離職してしまった。

事例3：意思決定の放任と状況把握の欠如

3つ目の事例では、前の事例の逆の事象が発生していた。買い手が対象企業の経営陣に自由な意思決定権を委任した結果として、対象企業が親会社の信用力を担保にM

&Aや大型の設備投資を繰り返したのである。そして大幅な減損を計上することになって初めて、買い手企業の経営陣が対象企業の経営に介入しようとしたが、時すでに遅しであった。

これは少し極端な状況であるが、買収した事業の経営状況や意思決定について十分に実態を把握できていないケースは数多く見られる。これらの事例でも、連結決算のための財務情報は親会社に報告されていた。しかし、その原因の理解に必要な、事業の本質的な評価指標や先行指標について、親会社からはほとんど把握することができていなかった。実態を調べようにも、対象企業の経営陣が「独立運営」の名のもと、親会社からの人材の派遣や情報共有の要請を断っていたのである。

買い手企業としては、自分たちは対象企業の事業に対する理解が乏しいが、対象企業自体は及第点と言える業績を上げ続けていると認識していた。そのため、敢えて踏み込んで実態を把握する必要もなければ、一方で、そのために必要な事業の理解や、対象企業の経営陣と交渉する力もないと考えていた。今後もしこの事業が不振に陥ったら、親会社としては説明もターンアラウンドも十分にできずに困った事態になってしまうのではないかと認識してはいたが、ほぼ諦めに近い状況であった。

事例4：人事権の行使の遅延と失敗

最後の事例では、日本企業においてよく見られる、対象会社に対する人事権の行使について紹介する。買い手企業の経営陣は、買収完了の1，2年後から、買収した海外企業の経営陣の一部が期待していた能力を持たず、当該事業をリードすべき人物でないという疑いを持つに至った。しかし、対象会社の経営陣は対象企業での社歴も長く、買収時にはキーパーソンとして手厚い待遇を与えた経緯もあった。買い手企業は、当該幹部たちを適切に評価する指標の設定などを行ってこなかったこともあり、当該経営陣の実際の資質や能力の評価に基づいた処遇を与えることができなかった。

更に、代替候補となる人材は親会社にも見当たらず、外部から適切な人材をヘッドハンティングする準備もしていなかった。そのため、いざ問題となっている経営陣を代えようにも代替案を用意することができなかった。また、買収した当時は対象企業の社内にめぼしい後継者候補がいたであろうが、この状況に至る過程で既に適切な人材の多くが辞めてしまっていた。こうして、本来ならば早期に行うべきであった人事権の発動がずるずると遅れてしまい、その間に対象企業の業績や組織の質が悪化してしまった。

結果として、親会社は自社から人材を選定し、対象企業に幹部および現場の主要メンバーとして送り込むことにした。しかし、本社には対象企業の経営に必要なケイパビリティを持った人材を計画的に育成する仕組みが整っていなかった。結局、派遣された個人の能力頼みになってしまい、派遣された者も対象企業で苦労する結果となった。更に、派遣された人々の中には、対象企業から見ると役割や権限が明確でない人も含まれていた。対象企業のメンバーからは、このような人員の役割や付加価値が理解できず、どのように付き合うべきか分からない、ひいては信用できない、と相互不信に拍車がかかってしまった。

これらの事例を踏まえると、日本企業によるM&Aにおいて次のようなガバナンス課題が観測される。まずは、意思決定についての親会社の関与が適切に行えていないこと。次に、適切に対象会社の状況を把握し、必要な情報をタイムリーに入手することが十分にできていないこと。更に、人材を適切に評価し、既存の経営陣の人材を代替する人材候補を用意して人事権を行使することができないこと。このあたりに、日本企業によるM&Aにおけるガバナンス課題が表れることが多いのではないだろうか。

クロスボーダー買収で頻出するガバナンス課題

Ｍ＆Ａ後の対象会社のガバナンスの課題は、日系企業どうしの案件より、クロスボーダーＭ＆Ａにおいてより頻繁に見られる。日本企業にとって、海外の案件の方が国内案件と比べてガバナンスをより困難にしている原因が複数存在しているのは間違いない。

クロスボーダーの買収では、同業界の企業を買収した場合でも、地理的な距離の遠さや商習慣の違い、労働環境や人材の違いなど、日本の本社とは様々な差異がある。また、従来からある自社の海外子会社とは違い、買収した企業の社内の様子や人材プール、企業文化などの側面は、ＤＤとＰＭＩを通じて念入りに調査を進めておかないと、十分に理解することが難しいといった懸念もある。更に、現地の社外の人材プールに対する理解や経営陣の外部採用は、多くの日本企業にとって馴染みの薄い活動である。このような距離感や現地に対する理解のギャップが、有効なガバナンスの構築を困難にしていると考えられる。

これらの理由に加えて、特に欧米企業に関しては、日本企業と比べてガバナンス制度の活用方法の厳格さにも違いがあるのではないか。例えば、これまで子会社の経営メンバーの人事を、社内の人材からの異動のみで行ってきた日本企業があるとする。その企業が海外企業の買収を機に、競合他社など社外のプールを含めたマネジメント人材候補の調査を行って、サクセッションプランの策定を積極的に行えるケースは残念ながら多くないだろう。日本企業どうしの親会社、子会社の関係においては、まだ阿吽の呼吸で主要な人事や意思決定についての合意を形成することができることもある。あるいは、グループ会社間での経営層の人材の行き来を行うことも比較的容易にでき、ガバナンスの問題が表面化することを抑えられる余地が海外買収に比べて大きいと考えられる。しかし、クロスボーダーM&Aのガバナンスでは、そのような日本企業どうしのやり方が通用せず、適切に機能するガバナンスの型を築けないことが多いのではないだろうか。

コラム：日本企業におけるガバナンスの歴史的背景

M&Aにおけるガバナンスとは、突き詰めると買い手側の意図に沿った経営が行われることを担保する仕組みである。親会社による子会社の執行側に対する人事権はその主要な要素の一つであるのが、それを適切なタイミングと人材で実行するのは簡単ではない。日本企業による買収後ガバナンスの失敗事例の多くにおいて、親会社となる日本企業側が執行側のモニタリングの仕組みや人事の代替案の用意といったガバナンスの主要要素を押さえきれていなかったことが共通項として見られる。これには、日本企業のガバナンス構造の歴史のユニークさが影響を与えているのかもしれない。

例えば青木昌彦による日本企業のガバナンスの研究（青木昌彦・ヒュー・パトリックによる「日本のメインバンク・システム」等を参照）は、特に高度経済成長期の日本企業は株主によるガバナンスが株式の持ち合いによって無効化される代わりに、業績不振になった会社にはメインバンクが最終的なガバナンス主体として介入する、状態依存的ガバナンス（contingent governance）と呼ばれる状態にあったことを指摘している。この状態依存的ガバナンスは企業の財務状態が悪化した企業はもちろん、規律付けとしてより広範な企業に対して機能していたと考えられる。この構造は特に高度経済成長期においては株主の短期的な利益に関する圧力から企業を守り、長期的な投資に経営資源を振り向ける上で一定の役割を果たしたという評価がある一方で、特に１９９０年代に起こったバブル崩壊以降はメインバンクの力が相対的に弱まるにつれて、日本企業

における ガバナンスの空洞化をもたらしたとも言われている。

その後、現在に至るまで、メインバンクを主体としたデットガバナンスから株式投資家を主体としたエクイティガバナンスへの切り替えが進んできた。実質的なガバナンスの担い手が株式投資家となり、日本企業のガバナンスに対するアプローチが高度化されることも期待されている。

M&Aに対する示唆は何か。例えばある日本企業で、メインバンク出身者を社内に派遣して、そのつながりを通じた情報収集や、相談役のような取締役外の有力者を通じた人事介入といった活動が行われてきたとする。更に、取締役会がトップマネジメントの候補を社外で積極的に探索することも行われていなかったとする。このような状況下で長年過ごしてきた経営陣が、自社がM&Aを実施したことを契機に、対象会社の取締役として執行側の評価やトップマネジメントの候補探しを適切に行うことは難しいのではないか。つまり、適切なガバナンスについてのパターン認識を得られていないことが、他社にガバナンスを施す場面での足かせになっているのである。

M&Aにおけるガバナンスの設計と重要な要素

それでは、M&Aの文脈で、適切なガバナンスを構築するためには、どのような設計思想で臨み、どのように制度を運営するのがよいだろうか。ガバナンスの形や運用はディールによってケースバイケースであることが多く、あらゆるパターンに適用できる法則を述べることは難しい。ここでは、M&Aの戦略的な意図に合わせる形で選択すべき設計思想を大きく2パターン紹介する。また、その組織的な運用として重要な3つの要素について述べる。

買収を行う企業によるガバナンス構築の設計思想には、大きく2つの類型があると考えると理解しやすい。1つ目は、買い手側のガバナンス体制を対象企業に延長する手法である。2つ目は、買い手側のガバナンス体制と対象企業のガバナンス体制を切り離し、その接合点の設計を入念に行う手法である。いずれの手法を選択するかは、買収した事業の内容や買収の前提となるM&A戦略や投資命題を考慮すべきである。

日本企業が日本企業を買収する場合には、買収する側のガバナンス体制を適用し、海外企業を買収する場合はガバナンス体制を切り離す、という傾向があるかもしれない。しかし、実際は、いずれの場合でも、M&Aの戦略的な目的に照らし合わせ、適

図表40　M&Aにおけるガバナンスの設計と重要要素

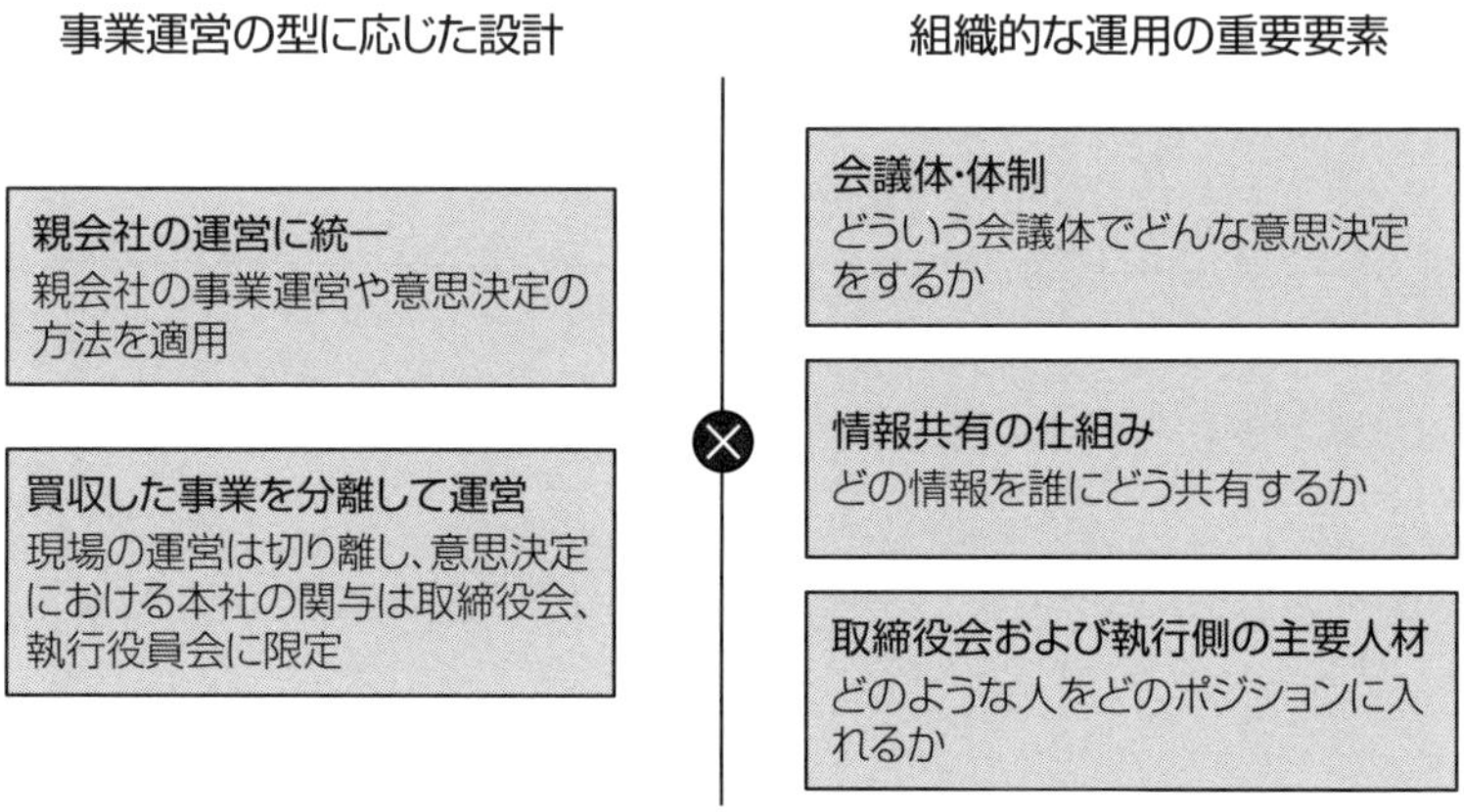
事業運営の型に応じた設計
組織的な運用の重要要素
親会社の運営に統一
親会社の事業運営や意思決定の方法を適用
買収した事業を分離して運営
現場の運営は切り離し、意思決定における本社の関与は取締役会、執行役員会に限定
会議体・体制
どういう会議体でどんな意思決定をするか
情報共有の仕組み
どの情報を誰にどう共有するか
取締役会および執行側の主要人材
どのような人をどのポジションに入れるか

切な形を選択する必要がある。

買い手側のガバナンス体制を延長する手法は、事業構造や意思決定、人材について共通する要素が多い場合にスムーズに働きやすいと考えられる。これは、ガバナンスに必要な体制の整備・活用状況における共通部分が大きいからである。仮に相違点があったとしても両社の差分を可視化してすり合わせていくことも可能である。その中で、ガバナンスに必要な体制の整備・運用において不十分な点があれば、適宜修正を加えていく。海外での買収に本手法を選択するのが適しているのは、日本と海外で事業内容や必要な意思決定事項が共通しているなど、日本と海外の事業の一体運営がM&Aの戦略的目的に適合する場合である。一方で、本手法を海外企業の買

収で実現するためには、海外事業の経営に関する深い理解を有する経営陣が買い手企業に存在する必要があるなど、後述するような運用上の組織能力も求められる。

日本を含む既存事業と対象企業を分離して運営する手法は、買い手企業と対象企業の間で事業内容や必要なケイパビリティが異なる場合に有効な選択肢である。M&Aの戦略的な目的として、新規事業領域への進出など、対象企業の事業そのものの成長に期待するM&Aが当てはまる。

次に、いずれの型を選択する場合にも、組織能力として買収対象企業のガバナンスを効果的に行うために重要な要素を3つ挙げる。「会議体・体制（どういう会議体でどんな意思決定をするか）」、「情報共有の仕組み（どの情報を誰にどう共有するか）」、「人材（どのような人をどのポジションに入れるか）」の3つである。この3点に関する実務上の要点を述べた後に、日本企業によるクロスボーダー案件における「出向者」に関する留意点も解説する。

会議体・体制の要点

特に買収対象企業を既存の組織の意思決定プロセスから独立した手法で運用する場合、親会社との接点を取締役会に集約することが有効である。つまり、買収された会社の取締役を親会社のメンバーを中心とする人員に入れ替え、重要な意思決定及びモニタリング機能を自社の影響下が強い取締役会に持たせるやり方である。したがって、その際の取締役会の運営の仕方がポイントになる。最終的に執行側に対する人事権を着実に行使できるようにするため、取締役会レベルでの任命・罷免権の確立を担保する。更に、取締役会のアジェンダを工夫して議論が形骸化しないようにすることが重要である。

1．任命・罷免権の実効性の確立：子会社に対して執行役の任命・罷免権を持っていないケースは稀である。しかし、実態として、親会社が選んだ人材を新しい経営陣として任命し、その人物が十分に機能するかは別である。現行の経営陣の代わりを果たせる人材が見つかっていなかったり、意思決定が属人的で新たな経営陣がすぐに経営を担えるような体制を整え切れていなかったり、実効性が担保されていない事例は多い。実務上は、経営がうまくいっていると思われるタイミングから主要なポジションのサクセッションプランを事前に議論しておくことが有効である。これは、取締役会が能動的に任命・罷免権を行使する場合以外にも、突然執行役が退任する意向を示して対応が必要な場合にも役に立つ。任命・罷免権は持っているだけでなく、買収後に現行の経営陣が親会社の意思とは異なる経営を行った場合には、株主として実際にその権利を行使することが非常に重要である。代えるべき経営陣を代える決断が何年も遅れたため、買収した企業の事業がその間に傷んでいく、そしてその過程で重要な人材が抜けていく事例が多く見られる。一方で、経営陣の交代をきっかけに経営陣が執行において従うべき原則が強く認識されるようになり、ガバナンスの強化につながった、という事例も多く存在する。

2. **取締役会アジェンダの設計と会議運営：**取締役会を、議論と意思決定を行う場とし実際に機能させるのは、必ずしも簡単なことではない。しかし、Ｍ＆Ａ対象企業のガバナンスを効果的に行うには、取締役会での議論の形骸化を防げるようなアジェンダ設計と運営を行う必要がある。形式的な業績確認だけではなく、どのような意思決定を取締役会で行うべきかを事前に定め、確実に議論と意思決定が行われるように設計すべきである。取締役会にかけるべき意思決定は、対象企業の事業内容と今後の成長シナリオなどを念頭に設計すべきである。そのうえで、今後の重要な投資などの意思決定事項については、あらかじめ投資意思決定に関するスケジュールを定め、どのような論点で議論をすべきかを対象企業の経営陣と合意しておく。また、意思決定の基準を明確に示しておくことも有効である。更に、正しい意思決定を行えるよう、参加する取締役メンバーの会議における役割や主要な論点を想定しておく。このような工夫を施し、運営方法や働き方が異なる2社の間でも正しい議論と意思決定が行われる可能性を最大にするべきである。

一方で、買い手側のガバナンス体制を対象企業側にも延長する手法の場合は、親会社の意思決定のやり方を、組織の実務的な階層まで浸透させていくことを目指すことになる。そのため、主要な会議体の形式だけを対象企業に適用するのではなく、親会社で実際にどのように運営されているかを改めて理解し、対象会社の現状を十分に理解した上で適用するのが重要である。両社間の意思決定手法の違いを乗り越えて、一体としての運営を有効に行うには、企業文化の理解と融合を意識して行う必要がある。ＰＭＩの章で述べたように、お互いの企業文化の理解を経営陣の間で行い、事業運営のやり方を揃えていくことで、各種の会議体を有効に運営することが可能になるであろう。

情報共有の仕組み

会議体などの議論の場を適切に運営するには、参加者が正しい情報を持って議論に臨むことが必須になる。そこで、これらの会議体が意思決定を行う上で必要な情報を収集し、活用できる仕組みが重要である。したがって、刻々と変わる事業の状況を透明化するためのデータインフラの整備、特に組織としての意思決定の可視化に繋がる経営データの整理が求められる。そして、結果指標である財務数値だけでなく、先行指標となる活動関連の指標や執行側、現場での意思決定の状況などについても必要に応じて可視化を行い、意思決定の会議体に準備して臨むことが有効である。

なお、情報の整備には、その事業の本質の理解が必ず必要になる。買い手企業が、自社にはなかった新たな事業及び組織に対する理解を深めながら、同時に親会社としての監督の役割を担うことは容易ではない。あるべき経営指標を定義する際には、DDで理解した事業内容をはじめ、対象会社の経営陣との対話なども通じて、事業の本質を捉えているかどうかを確認したい。更に、その組織において、誰がどのような情報を用いて意思決定をしているのかについても、ITシステムなどの力を借りながら透明性を高めるべきである。そして、そのやり方が事業の本質的な成功要因（ドライバー）に合致していない場合は、経営指標および情報収集・整理のやり方を改善することが必要になる。

運用の際の留意点として、親会社の担当者が逐一細かすぎる情報を理由も明らかにしないまま請求してしまうような動きは避けたい。状況の透明化は大事であるが、用途が不明確な情報請求をすることや、対象企業から見て様々な部門から重複する情報請求があることは大きな不満や不信に繋がる。日本企業が海外企業を買収したケースにおいて、買収された会社から多く上がってくる不満の最たるものがこういったケースだ。可能な限り本質的に必要な情報を特定し、どの場面でどの情報を使うかを明確にして伝えることが重要である。デジタルツールの活用も進め、情報の整理や共有に要する工数を最小にして運用する工夫も取り入れたい。

取締役会とそれを支える主要人事

買い手側のガバナンス体制と対象企業側のガバナンス体制を完全に切り離す場合、対象企業のガバナンスは、基本的には取締役会を通じた執行側の任命・罷免権を通じて行うことになる。取締役会の人事は当然、最も重要な事項のひとつである。買い手企業の中でも強いリーダーシップを持ち、さらに対象企業の事業に対する理解を深められるケイパビリティを持った人材を取締役として派遣すべきである。対象企業の既存の取締役で留任するメンバーについても入念な議論が必要である。

買い手側が任命した対象企業の取締役が十分にその役割を果たすためには、買い手企業の中にその人物をサポートする機能も必要となる。この機能を担う組織とその中の人材が、前述した会議体の運営や情報の共有を遂行する実質的な主体、すなわち、目指すガバナンス体制を実行に導く部隊となる。このような部隊は、買い手の中の経営企画や子会社管轄部門、あるいは海外担当部門の中に設けられることが多い。しかし、このように買収先の統率にかかわるメンバーは、買収対象企業についてビジネス面に加えて法的、文化的な面について深く理解していることが不可欠であるが、そのような人材が社内に十分にいない悩みも多く聞かれる。その場合には社内での養成に加えて、求める経験を持つ人材を外部から採用することを考えるべきである。実効性のあるガバナンス体制の構築に成功したチームは、業界の知見を深く持った内部の人材とプロフェッショナルファームや買収経験豊富な組織で育った中途採用者の両方で構成されており、知識を相互に補える体制ができている場合が多い。

出向者の扱い

日本企業が海外企業を買収した場合、取締役など明確に職務内容及び権限が決まった役職への派遣に加えて、出向という形で様々な職位に人を送り込むことが行われる場合がある。この場合の出向は、特に買収された側に明確に不足しているケイパビリティを持った人材が加わる場合において現場から感謝される場合も多い。一方で、出向者の位置づけを明確に定義して行わないと、出向者たちが組織の様々な階層で業務や意思決定に介入し、意図せず買収対象企業へのガバナンスを弱体化してしまう危険性もある。

買収された事業に人材を送り、経験を積ませること自体は、特にそれがシナジーの実現に資するものである場合、積極的に行われるべきである。一方で、特に買収した事業をある程度自律性を持って経営することを意図する場合には、ガバナンスとオペレーションは明確に切り分けた方がよい。ガバナンスの設計・運用のための人材（基本的には取締役）はガバナンスに、オペレーション支援のための人材はオペレーションにそれぞれ役割を明確に定義した形で送り込むことが重要である。

特にオペレーションを担う人材については、買収対象企業に出向した時点で職務とレポートラインは対象企業のものに切り替えるべきである。そして本人はあくまでも対象企業の業務および企業価値の向上の実現に貢献することに専念すべきであると言える。言い換えると、オペレーションを担う出向者は「対象企業の監督者」ではなく「対象企業の支援者」であり、ガバナンスへの関与は限定する方が整理として望ましい。そして、意思決定についてはあくまで正式な組織の意思決定システムに従うことを徹底する。

出向者を受け入れる側からすると、ガバナンス側の担当なのか、オペレーション側の担当なのか明確な役割が明らかでないと混乱や不信の元となる。オペレーション担当として受け入れたメンバーがガバナンスに参加するというのは、例えば取締役会に参加したり、親会社に別途レポートを送っていたりすることを指す。このような動きをすると、その出向者は「親会社からのスパイ」として見られる恐れがある。そうなると現地での信頼が築けずに、本来期待された役割が果たせなくなってしまう。更に、正式なレポートラインから外れた情報収集を目的に不透明な人事を行ったとして、本社に対する不信感も生まれる。出向の形を取った場合は特に、送り込まれた人が買収された組織の中でどのような役割を持ち、どんな責任を担うのかを明確にすることが重要である。

まとめ：ガバナンスの構築でM&Aを最後まで成功に導く

これまで日本企業が買収を行った場合に直面するガバナンス面での課題、およびその解決策の方向性を見てきた。これらは古くて新しい課題と言える。各要素で見ると、古くから言われてきたことであり、買収を実行する際には何らかの形で検討されることである。一方で、我々が支援してきた経験や関わってきた企業の状況を見ると、これらの課題への対応は思った以上に難しい。既に経験された方の中にはその時のチャレンジを思い出された方もいらっしゃるのではないかと思う。

対象企業の事業運営の型を選び、それらを支える組織的な運用を行うことで、有効なガバナンスを行う確率を上げることができる。しかし、買収直後には、まだ互いに手探りであったり、経営状況が良いので問題にならなかったり、ガバナンス体制を強固に整備するに至らない理由が多く存在する。しかし、ガバナンス体制が十分に機能していないと、状況が悪くなった際にその問題が顕在化する。そして、その時には、既にガバナンス構造は意思決定の仕組みから経営陣の信頼関係まで一通り出来上がってしまっているため、問題の解決には想定した以上に困難になるのである。

全社戦略の段階から綿密に設計・構築し、やっとのことで成就したM&A案件を最後まで成功に導くには、ガバナンスは最も重要なテーマの一つである。どのM&Aでも、買収後に何らかの問題は必ず起こると考える。その際に適切な意思決定を会社として行えるかは、ガバナンスの体制や運用が大きく左右する。本来であれば、買収直後からいざという時のためにガバナンスを構築しておくべきである。そして例えば業績悪化のタイミングでスムーズな経営陣の交代が可能なようにサクセッションプランを持っておく。長い交渉の末に買収が成立し、これからようやく前向きな話ができるというタイミングで最悪の事態を想定した準備をするのは心理的にもハードルが高くなってしまう。しかし、ガバナンスは買収時または買収直後の取り決めによるところが大きく、かつ一度決めたものを巻き戻すためには多大なる労力を要する。買収完了前から念入りに準備をして備えておくべき項目であることを強調しておきたい。

あとがき

資本市場が歴史的な活況を呈す中、２０２４年のＭ＆Ａの金額は前年を上回ると見込まれている。２０２３年の後半以降、世界的にＭ＆Ａ案件の金額が増加し、コロナ禍の中一時低下したクロスボーダー案件の数も回復基調にある。アジア地域は世界のＭ＆Ａの金額の約25％を占めており、国内案件を含むアジア域内でのＭ＆Ａが引き続き主流である。更に２０２３年は欧米からのＯｕｔ－ｉｎ案件の割合が大きく増加した年となり、２０２４年もこの資金流入の流れは継続すると考えられる。一方、日本においては、ポートフォリオ再編の流れの中での子会社売却や、ＰＥファンドによる低バリュエーション企業の非公開化やＭＢＯが本格化している。また、日本はアジア各国における域外の買収額の多くを占めており、欧米へのＭ＆Ａを通じた進出を積極的に進めていることもうかがえる。

こういった環境の中、会社の継続的成長や価値の向上を牽引する日本の経営者にとって、もはやＭ＆Ａは避けては通れない議論となっている。自社の戦略としてオーガニックな成長戦略に集中したいと考えていても、それが株主の求める成長速度に合致していない場合には、株主からの要請としてＭ＆Ａを含むより高い成長やポートフォリオ転換を強く求める動きが出て来ることもある。また、有望な会社を買収しないかと持ち掛けられることもあれば、逆に、一部の事業あるいは全体を買収したいと持ち掛けられることもある。M&Aという戦略実現のための手段は、一部のアグレッシブな企業だけが選択するものではなく、すべての企業の経営陣が常に一定の考えを持って準備しておくべきものになっている。

一方、私たちが普段接している日本企業を考えた時、M&Aの組織能力については、非常に成熟しているところからほとんどないところまで、大きな幅があるのも事実である。経験数が少なく主導できる人がいない、過去にうまくいかなかった案件がトラウマとなっている、カルチャーの統合が難しいと言われており苦手意識がある、といった議論は引き続き多く聞かれる。しかし、昨今の環境を考えると、そろそろM&Aを避けて通るかのような議論からは脱却すべきだし、自社にとって成功確率を高めるM&Aのスキルを本格的に積み上げていくべき時でもあると考える。日本企業はM&Aが苦手である、M&Aは価値創造に繋がらない、という議論から抜け出すために前進すべきタイミングなのではなかろうか。

マッキンゼーにおいては、一貫して、M&Aは一過性の特別イベントではなく、組織能力として日本企業が持つべき経営スキルである、と申し上げてきているが、そういった動きを取られる経営陣の方を力強く後押ししたいという一心で本書は書かれている。また、国内・海外、大規模・スタートアップ、同業・隣接事業など、多様なM&Aがある中で、すべてのディールに当てはめられる都合のいい「型」は存在しないものなので、組織能力としてのM&Aは、自社が一つずつ準備と成功を重ね築き上げていくものである。そのため、本書はM&Aに共通する原則と、多くの日本企業に共通する〝落とし穴〟をご紹介する中で、経営者や事業の意思決定に携わる方々が普段から持っておくべき視座とマインドセットを提供することに主眼を置いている。実務の側面から言及できていないことや、より深く掘り下げるポイントは数多くあるだろう。しかし、M&Aを検討、推進するにあたり、本書で紹介した原則や注意すべきポイントに各場面で立ち返っていただき、ぜひ成功例の実現に繋げていただきたいと思う。

我々がクライアント企業のM&Aを支援する際、ハードワークの末にディールが成立したときは、クライアントチームと同じように大きな嬉しさを感じる。しかし同時に、そのあとのPMI、価値創造まで気を抜かないで進めないと、と気持ちが引き締まる思いも強まる。本当に喜びを感じるのは、ディール成立のはるか後、実際に当初想定したどおりのシナジーや戦略的目的が達成され、両社のメンバーがワンチームとして生き生きと働いている姿を目の当たりにしたときである。

一つでも多くの日本企業でM&Aが組織能力として定着し、戦略実現のための手段として有効に用いられ、確度高く企業価値向上に結び付けられるようになるのが我々の望みである。

マッキンゼー・アンド・カンパニー　シニアパートナー

野崎大輔

謝辞

本書の執筆にあたって協力をしてくれた方々に心からの感謝を伝えたい。日経BPの永野裕章様には数々のご手配や細かいご配慮をいただいた。マッキンゼー・アンド・カンパニー・ジャパンのパートナーたちには、クライアント企業への支援の中で、本書の論旨について日々の経験から貴重な示唆をいただいた。また、マッキンゼーのグローバルのM&Aプラクティスには、長年のM&Aに関するグローバルな知見の研究からの示唆や、本書のメッセージングについてもアイディアや助言を出していただいた。マッキンゼー・アンド・カンパニー・ジャパンの以下のメンバーには、リサーチなどでサポートいただいた：胡田聡美氏、鎌田龍一氏、黄哲瑞氏、小林泰氏、佐藤諒氏、多田千鶴氏、趙謙氏、出島万悠美氏、鳥飼ゆき氏、並木侑也氏、樋口歩美氏、山田慧士氏、横内駿之介氏、季錦氏。更に、編集については、小松原正浩氏に協力いただいた。

本書が、読者の皆さまにとって、日本企業のM&Aの成功や組織能力としてのM&Aの構築を進めるなかで、一助となれば幸いである。

著者紹介

加藤 千尋（かとう・ちひろ）

マッキンゼー・アンド・カンパニー　パートナー
戦略・コーポレートファイナンスグループの日本におけるリーダー。製造業クライアントを中心に、M&A、企業戦略・成長戦略の策定、新規事業の立ち上げ、全社改革などを支援。M&Aについて、クロスボーダーおよび日系企業どうしなどのディールにおいて、戦略策定、ビジネス・デューデリジェンス、PMIを数多く支援。2013-17年は米国シリコンバレー・オフィスを拠点に、現地企業のM&AやPMIを支援。2007年にマッキンゼー入社。京都大学大学院理学研究科修士課程修了、スタンフォード大学経営大学院修士課程修了（MBA）。

呉 文翔（くれ・ぶんしょう）

マッキンゼー・アンド・カンパニー　パートナー
プライベート・エクイティ / プリンシパル・インベスターグループの日本におけるリーダー。主にPEファンドや総合商社との投資・ポートフォリオ戦略、ビジネス・デューデリジェンス、買収後のバリューアップ、売却戦略などを支援。三井物産株式会社にてエネルギー領域での事業投資案件に従事した後、2015年にマッキンゼー入社。慶應義塾大学法学部法律学科卒業、ハーバード大学経営大学院修士課程修了（MBA）。

福富 尚（ふくとみ・ひさし）

マッキンゼー・アンド・カンパニー　アソシエイトパートナー
クロスボーダーおよび日系企業どうしのM&Aについて、戦略策定、ビジネス・デューデリジェンス、PMIを数多く支援。2019年にはワシントンDCオフィスを拠点に活動し、米国企業によるM&Aを支援。メリルリンチ日本証券にて投資銀行業務に従事した後、2015年にマッキンゼー入社。東京大学大学院薬学研究科修士課程修了、ノースウェスタン大学経営大学院修士課程修了（MBA）。

山﨑 敦（やまざき・あつし）

マッキンゼー・アンド・カンパニー　アソシエイトパートナー
買収前のポートフォリオ戦略・M&A戦略策定、ビジネス・デューデリジェンス、買収後のバリューアップ・売却など、幅広くM&Aに関わる戦略策定・執行を支援。『企業価値評価（Valuation）』（第7版）の翻訳を主要メンバーとしてリード。JPモルガン証券株式会社投資銀行部にて、クロスボーダーや国内大型再編M&Aおよび資金調達の提案・執行業務に従事した後、2019年にマッキンゼー入社。東京理科大学理工学研究科修士課程修了、シカゴ大学ブース経営大学院修士課程修了（MBA）。

執筆協力

エンドレ・ボロシュ

マッキンゼー・アンド・カンパニー　エキスパート
ポートフォリオ戦略、成長戦略、M&A戦略の策定からM&A案件執行などを幅広い業種のクライアントに対して支援。クロスボーダー案件を中心に日系企業の事業展開や海外企業との提携を支援。社内外でM&A及びバリュエーションのトレーニングも実施。SOMPOホールディングス株式会社海外戦略室のリーダーとして大型海外M&A案件の企画、実行、PMIに従事した後、2018年にマッキンゼー入社。Corvinus University of Budapestファイナンス科修士課程修了、一橋大学ビジネススクール国際企業戦略専攻(ICS)修士課程修了（MBA）。

野崎 大輔（のざき・だいすけ）

マッキンゼー・アンド・カンパニー　シニアパートナー
M&Aグループのアジアにおけるリーダー。製造業クライアントを中心に、全社ターンアラウンドの支援、成長戦略の立案、新規事業の立ち上げ、M&A・パートナーシップ戦略、事業買収プロセスおよび買収後統合（PMI）、リーダーシップ育成プログラムの運営など、幅広い業務に従事。ゴールドマン・サックス証券にてベンチャー・キャピタル業務、コールバーグ・クラビス・ロバーツ（KKR）にてプライベート・エクイティ業務に従事、投資先企業のインテリジェンス（現パーソルホールディングス子会社）にて全社改革の支援を担当したのち、マッキンゼー入社。東京大学大学院修了。

マッキンゼー
価値を創るM&A

2024年4月17日　1版1刷

著　者　　加藤千尋、呉文翔、福富尚、山﨑敦

発行者　　中川ヒロミ
発　行　　株式会社日経BP
日本経済新聞出版
発　売　　株式会社日経BPマーケティング
〒105-8308 東京都港区虎ノ門4-3-12
ブックデザイン　山之口正和（OKIKATA）
本文DTP　朝日メディアインターナショナル
印刷・製本　中央精版印刷

Printed in Japan
ISBN978-4- 296-11812-0

本書籍に関するお問い合わせ、ご連絡は下記にて承ります。
https://nkbp.jp/booksQA